La Opción Bisexual
Segunda Edición
Fritz Klein, MD

Prólogo de Regina U. Reinhardt, PhD

LOS EXPERTOS OPINAN:

"Excepcional aporte a nuestra comprensión de la sexualidad humana. La Opción Bisexual —en esta edición puesta al día— sigue siendo el libro definitivo (y mejor escrito) sobre la bisexualidad. El doctor Klein remplaza mitos e ignorancia por agudeza y conocimientos científicos. Este libro ha tenido y seguirá teniendo un gran impacto sobre nuestra apreciación de la complejidad en el amplio abanico de la expresión sexual humana."

Eli Coleman, PhD
Director y profesor adjunto
Programa de Sexualidad Humana
University of Minnesota Medical School

I0027222

" Lectura obligada para quienes buscan comprender la complejidad y variabilidad de la bisexualidad. Incorporando y utilizando una diversidad de perspectivas: clínica, sociológica, histórica y literaria, Klein destruye los mitos de la inexistencia y neuroticismo que suelen acompañar a la bisexualidad. […] Más importante aun, hechos y hallazgos desmienten la clasificación de esto —"gay"— o aquello —"hetero"— que han derivado en investigaciones mal orientadas sobre la conducta sexual y en malentendidos generalizados sobre la bisexualidad."

Amity Pierce Buxton, PhD
Autora de *The Other Side of the Closet;*
The Coming-Out Crisis for Straight Spouses

Library of Congress Control Number: 2013930236

La Opción Bisexual
Segunda Edición

Fritz Klein, MD

Prólogo de
Regina U. Reinhardt, PhD

American Institute of Bisexuality, Inc.
www.bisexual.org
West Hollywood, CA

Para M. S.

ACERCA DEL AUTOR

Fritz Klein, MD (1932-2006), era psiquiatra especializado en problemas de orientación sexual y relaciones de pareja, terapia de corto plazo con programación neurolingüística e hipnosis ericksoniana y terapia de VIH/sida para gays, bisexuales y drogadictos. Fue coautor de *Man, His Body, His Sex* (Doubleday & Co., 1978) y coeditor de *Bisexualities, Theory and Research* (The Haworth Press, 1986). Dr. Klein dio conferencias sobre la sexualidad humana, talleres sobre programación neurolingüística y la hipnosis, y era un profesor visitante I.G.S./F.I.T., Florida. Un psiquiatra certificado, él era un miembro de la Junta Examinadora del Colegio Americano de Sexología y la Asociación Nacional de Programación Neuro-Lingüística. Dr. Klein fundó el Instituto Americano de Bisexualidad (www.bisexual.org) en 1998 y fue su presidente hasta su muerte.

ÍNDICE

Prólogo

Como bisexual y psicoterapeuta, me resultó natural e importante estudiar a las bisexuales porque se había hecho muy poco trabajo en este campo, y en esa escasa labor había apenas unas cuantas investigaciones sobre mujeres. Cuando cursaba el doctorado, descubrí la primera edición del libro del doctor Klein, el cual inmediatamente cobró significado para mí, tanto en el plano profesional como en el personal. Desde entonces, he usado *La Opción Bisexual* como herramienta en la terapia individual y de grupo.

Hace catorce años, cuando el doctor Fritz Klein empezó a escribir *La Opción Bisexual*, ni la Biblioteca Pública de New York ni el *Index Medicus* contenían una sola referencia a estudios sobre bisexualidad, lo poco que podía conseguirse negaba en gran medida la existencia de los bisexuales. Las preferencias individuales de estilo de vida hoy reconocidas bajo el término "bisexual" se adscribían entonces al de "heterosexual con tendencias homosexuales", se empleaban muchos tratamientos para ayudar a cambiar de conducta, en lugar de apoyar y mantener un estilo de vida sano integrando todas las preferencias sexuales.

Esta obra del doctor Klein presenta un continuum de preferencias sexuales, sociales y emocionales en el tiempo, en el que todos podemos reconocernos y reconocer a quienes nos rodean. La conciencia de la sexualidad propia es un proceso continuo, y *La Opción Bisexual* es un libro al que podemos regresar una y otra vez para conocernos mejor. A mí me ha sido útil volver a él en los nueve años en que he estado asociada con el doctor Klein en San Diego.

De niña fantaseé y experimenté eróticamente tanto con hombres como con mujeres. En mi pubertad no sentí nada por las mujeres, y así fue hasta el final de mi adolescencia, cuando el retorno del aprecio por personas de mi mismo sexo me llevó a reconocer mi bisexualidad. He pasado mi vida adulta felizmente casada, mientras mantengo al mismo tiempo relaciones secundarias con mujeres, con el pleno conocimiento y consentimiento de mi esposo.

La exposición del doctor Klein acerca del bisexual sano y el insano proporciona otra escala en la que podemos ubicarnos, la identificación en esta escala también cambia con el tiempo y la experiencia. La descripción del bisexual sano establece un modelo con el cual compararnos y al cual pretender.

Muchas personas están confundidas y temen reconocer y aceptar sus preferencias sexuales. Sin dirección y orientación, podrían no pasar nunca de la pregunta "¿Soy bisexual?". Yo recomiendo este libro a mis pacientes que se muestran confundidos o inseguros en sus preferencias sexuales. Ellos regresan a la terapia sabiendo que no están solos y con preguntas más claras sobre sí mismos. La bisexualidad es mucho más que una preferencia sexual, es también un marco de preferencias sociales, emocionales, conductuales e ideales. Todos tenemos necesidad de ser parte de algo, pero la primera aceptación que debemos tener es la nuestra.

Aunque, -como señala el doctor Klein-, los bisexuales poseen una alta tolerancia a la ambigüedad, representan el estado más complejo de la afinidad sexual, en última instancia, no son nuestras preferencias, sino nuestra capacidad para la intimidad, lo que nos conduce hacia una vida plena.

Como líder, desde 1984, del Bisexual Forum, organización fundada por el doctor Klein, he tenido la oportunidad de trabajar con individuos de todo el espectro de las preferencias que ha sido muy bien descrito por la Cuadrícula de Orientación Sexual de Klein.

Con varias reuniones mensuales en diversos grupos de debate y encuentros sociales en San Diego, hemos creado un medio social y de apoyo para el estilo de vida bisexual. En el actual estado de conciencia sobre la bisexualidad, la siguiente etapa de desarrollo social en Estados Unidos aparecerá cuando podamos integrar el estilo de vida bisexual al tejido social prevaleciente, como ya sucede en muchos países europeos. Esta obra del doctor Klein ha sido en gran medida la base de esa evolución.

Regina U. Reinhardt, PhD

Agradecimientos

Quiero expresar mi agradecimiento con la gran cantidad de personas que me ayudaron a hacer este trabajo. Gracias en primer término a todos aquellos que tuvieron la amabilidad de concederme parte de su tiempo y de compartir conmigo su historia. Reordené y cambié detalles de sus relatos para garantizar la confidencialidad.

Chuck Mishaan, director del Bisexual Forum, fue muy útil y aportó en todos sentidos. Tanto Aphrodite Clamar como Peter B. Field, dedicaron muchas horas a investigar con diligencia, mil gracias por su esfuerzo. Gracias a Ed Hanlon por su entusiasmo y ayuda. Un agradecimiento especial a John DeCecco, cuyo estímulo hizo posible esta segunda edición.

PARTE I:
QUÉ ES LA BISEXUALIDAD

Capítulo 1

La amenaza

La New York Public Library, conocida por su amplio criterio, tiene dos monografías sobre bisexualidad, ningún libro.

¿Por qué?

El *Index Medicus*, enlista la totalidad de los artículos que aparecen en publicaciones científicas sobre todos los temas médicos imaginables, tenía 47 textos sobre homosexualidad, ninguno sobre bisexualidad. Esta última categoría se omitía por completo.

¿Por qué?

El New York Psychoanalytic Institute, una de las principales organizaciones en su tipo en Estados Unidos, y en realidad en el mundo entero, tiene en el catálogo de su biblioteca más de 600 referencias sobre el tema de la homosexualidad, y sólo 60 de la bisexualidad.

Semanas antes de reunir la información precedente para la primera edición de este libro, recibí la llamada de una amiga invitándome a comer. Liz es esposa de un exitoso diseñador de moda femenina de Nueva York, en su tono había una urgencia que me hizo responder con un inmediato sí, pese a que estaba muy ocupado.

—Puedo mañana —le dije.

—Tiene que ser hoy.

—¿Qué tal un trago a las cuatro?

—¿En tu consultorio?

—De acuerdo.

Cuando llegó, le serví una copa. Al sentarnos me dijo:

—¿Siempre les ofreces un trago a tus pacientes?

—A ti es difícil considerarte una paciente.

—Bueno, no sé. Mejor prende la grabadora. Tal vez no vuelva a decir nunca lo que ahora te voy a contar.

Encendí el aparato.

—Sabes que Bill y yo tenemos más de veinte años de casados...

—Muy felizmente, a juzgar por las apariencias.

—Las que en nuestro caso no engañan. Es verdad que somos muy felices.

—Así que el problema no son Bill y tú.

—En cierto sentido, sí. ¿Cómo decirlo? —Se quedó viendo su copa un momento—. Hace un mes fuimos a una cena en la que coincidimos con un psicólogo, experto en algo, él se puso a hablar de la naturaleza de la sexualidad y dijo que los homosexuales y los heterosexuales eran realidades innegables, mientras que los bisexuales no existían. Bill cuestionó esa opinión y el psicólogo lo ignoró, diciendo que los bisexuales eran simples gays de clóset, Bill salió muy molesto, me aseguró que no creía nada de lo que el psicólogo había dicho, pero que a él no se le había ocurrido ninguna objeción sólida. A partir de ese incidente hemos hablado mucho sobre la bisexualidad, casi no hablamos de otra cosa, y esto ya está afectando su trabajo y nuestra vida. Hay que ocuparse de los hijos y... Dios mío, no sé por dónde empezar.

—¿Quién de los dos es bisexual?

—Los dos. —Hizo una pausa para encender un cigarro—. ¿Te sorprende?

—Desde hace años se rumora que Bill es gay, y que su matrimonio es una fachada.

—¿Y tú lo crees?

—No.

—¿Qué pensabas de nosotros?

—Que eran una pareja muy enamorada. Que Bill era bisexual y tú heterosexual.

—¿No sospechabas de mí?

—No, supongo que a causa de que tú no has sido tan abierta en esto. En cambio, de Bill se sabe que flirtea de vez en cuando tanto con hombres como con mujeres.

—Él detesta la etiqueta de "gay". No por su connotación (¡la mitad de nuestros conocidos son gays, por favor!), sino porque en su caso no es cierta. En cuanto a mí... eh... bueno, ahí lo tienes: la verdad no sé cómo etiquetarme, Bill tampoco. Durante años consideramos la posibilidad de que fuéramos superneuróticos, pero ahora Bill no cree ser eso, sino precisamente lo contrario: una persona sana.

—¿Y tú qué piensas?

—Bien sabes que una amplia corriente de opinión nos condenaría a Bill y a mí, junto con un ejército de expertos que aseguran que no se puede ser bisexual y sano al mismo tiempo. Ellos prefieren concebir a Bill como gay (y su matrimonio una fachada) que como bisexual.

—¿Bill sabe que me llamaste?

—Sí. Los dos queremos resolver esto. No soportamos que nos sigan diciendo que no existimos sexualmente, ¿o acaso esto es cierto?, ¿los bisexuales no son más que gays confundidos?, ¿o gente loca por el sexo?

—Eso dicen muchos expertos.

—¿Y tú qué piensas?

—Uno, que es presunción decirle a quien sea que no existe, y dos, que los bisexuales no sólo existen independientemente de que se les etiquete como homosexuales, sino que existen y punto.

—¿Podrías probarlo?

—Bueno —contesté riendo—, eso es mucho pedir en este momento. Estoy por recibir a un paciente, pero dame tiempo para pensarlo.

Cuando Liz se fue, tomé de mi librero *Changing Homosexuality in the Male* del doctor Lawrence J. Hatterer, yo ya había leído ese libro, y recordaba que su punto de vista sobre los bisexuales se situaba del lado de la inexistencia.

En una lista de subculturas homosexuales comunes y poco comunes, el doctor Hatterer ubica a los bisexuales en el grupo de los "homosexuales disfrazados", junto con los de clóset y los hombres casados que practican la homosexualidad en forma regular. Esta casi universal opinión se transmite serenamente a todo mundo, lo mismo heterosexuales que homosexuales. Y dado que es más fácil aceptar y juzgar a los bisexuales como homosexuales disfrazados, la gente acepta prácticamente sin chistar la opinión de los expertos.

El proceso de entender a los bisexuales como homosexuales disfrazados implica "reducirlos". Tendemos a clasificar a las personas, a incluirlas en el grupo más a la mano, en los mundos del comercio, el gobierno y la religión, esto es hasta cierto punto lógico, pero que esta práctica errónea sea adoptada también por el individuo en la búsqueda de su identidad —y sostenida a toda costa, a falta de una alternativa adecuada— es trágico.

Eso es lo que quiso decir Liz cuando afirmó que resulta preferible concebir a Bill como gay. Llevando esto un poco más lejos, si la opinión pública especializada es la norma que rige sobre la identidad individual, resulta "preferible" que Bill *se conciba a sí mismo* como gay. Los seres humanos necesitan ser parte de algo, comunicarse con su grupo de iguales, sentarse en torno a la hoguera comunal en busca no sólo de calor, sino también de dignidad.

Esto es especialmente cierto en nuestra sociedad por lo que toca al mundo de los negocios. En ese mundo se ostentan banderas de logros visibles, se fabrican y venden productos, se emplea a personas, se gana y pierde dinero, todo en nombre de los negocios. Coca-Cola es un símbolo tan conocido en el mundo como la bandera británica o la estadounidense. La compraventa es más exitosa cuando quienes enarbolan sus banderas conocen a los compradores, a quienes les venden. Los anunciantes saben que ciertos grupos serán leales de por vida a un producto si éste apunta correctamente, mediante un gancho emocional directo, dirigido a un grupo particular.

También en el gobierno se alaba y explota la virtud de la lealtad para obtener todo tipo de beneficios personales, esto es más fácil aún si quienes lo hacen conocen el lugar de sus públicos blancos en la sociedad, y pueden mantenerlos ahí. Así es como se "venden" las guerras, y también propuestas más respetables, como la de que todos los humanos somos creados iguales. Mientras a los seres humanos se les pueda seguir clasificando simplemente como una cosa u otra, las posibilidades son infinitas.

Sería absurdo sugerir que los bisexuales son más o menos malos (o, para el caso, buenos) que los heterosexuales o los homosexuales, también lo sería sugerir que los bisexuales son más o menos leales que otros grupos en torno a la hoguera comunal, pero esta vez podría tratarse de una lealtad de otra índole. Hasta aquí no hemos considerado aún que los bisexuales podrían ser menos leales al orden imperante que a la naturaleza. Las diferencias, la libertad de elegir, han sido una amenaza para el grupo desde tiempos inmemoriales.

Una pregunta clásica de los psiquiatras sobre las relaciones afectivas es si una persona puede amar a dos mujeres o a dos hombres al mismo tiempo. Mi respuesta es: "De poder, se puede."

¿Los seres humanos pueden amar a hombres y mujeres al mismo tiempo? De poder, se puede.

¿Qué consecuencias tiene esto para las normas de lealtad del individuo?, ¿puede éste asumir la confianza necesaria para establecer relaciones más que pasajeras o superficiales?, o, dado que desempeña un doble papel, ¿es un "espía"?

En tiempo de guerra, a los espías se les puede ejecutar cuando se les captura; un destino aún peor podría aguardar a los ciudadanos condenados por traición, a quienes suele exponérseles al escarnio público antes de que se les quite la vida. Hoy como ayer, la lealtad a lo "propio" es tenida en alta estima por la raza humana, en cualquier latitud, simplemente reprobamos el espionaje y la traición. Estos actos son tan detestables que su sola existencia nos horroriza, y no tendemos a sentirnos culpables al suprimir al espía, al traidor, para que no deje huella. En estricto sentido, expulsar a alguien equivale a decirle que habría sido mejor que no naciera, y que, en adelante, se actuará como si así hubiera sido. "Mi país, como sea" es un mensaje que va directo al corazón humano, un objeto de culto de la psique.

El bisexual se parece al espía en que se mueve con libertad psicosexual entre hombres y mujeres. También se parece al traidor en que está en posibilidad de conocer los secretos de ambos bandos, y de poner a uno contra otro, en suma, al bisexual se le ve como a un individuo peligroso, indigno de confianza y carente de lealtad hacia el partido, por así decirlo. Y quien carece de dicha lealtad está tan fuera de los límites de la sexualidad humana que prácticamente es inexistente.

Pero volvamos a la interesante palabra "disfraz" del doctor Hatterer.

Un disfraz es un ropaje engañoso. Un ser humano que pasa disfrazado su vida no es de confiar, así, un judío en la Europa nazi que se hubiera disfrazado de no judío para sobrevivir, no habría sido de confiar, pero en retrospectiva, pocos de quienes nos decimos inteligentes y, más todavía, humanos, no habríamos confiado más en el judío encubierto que en el oficial de la SS que mostraba orgulloso su verdadera cara al mundo.

En nuestra sociedad, con una opinión tan negativa de la conducta homosexual de cualquier clase, es más que comprensible que los bisexuales, u homosexuales "de clóset", disfracen su comportamiento. *Pero la bisexualidad no es homosexualidad ni heterosexualidad disfrazada,* sino otra forma de expresión sexual. Aunque contiene elementos de la conducta heterosexual y de la homosexual, es, en sí misma, una manera de ser, ni mejor ni peor que las maneras más aceptadas de la heterosexualidad y la homosexualidad sanas.

Sea cual fuere su orientación sexual, una persona vive en un continuum, pese a la certeza de la muerte, la vida de un individuo transcurre hasta ese último instante. En el curso de una vida, cada individuo desempeña diversos roles: padre, madre, soldado, maestro, heterosexual, homosexual, etcétera. Las etiquetas son muy cómodas; nos ayudan a definir nuestras relaciones entre nosotros, y con el mundo en general. Pero cada etiqueta que adquirimos limita nuestras infinitas posibilidades, nuestra singularidad. La insistencia en las etiquetas es lo que da origen al síndrome de "o esto o aquello", como lo ilustra el caso de los padres que se presentaron a consultarme sobre los progresos de su hija, de 25 años, que era paciente mía. Era ésta una pareja agradable y próspera, buenos y devotos ciudadanos, respetuosos de Dios y de su país que habían sido recompensados con una vida confortable. Cuando aparecieron en mi consultorio, todo estaba en su lugar salvo su hija, quien poco antes les había anunciado que vivía por entonces con una mujer. Los padres estaban muy molestos, porque pagaban parte de la terapia, ocasionada por el reciente divorcio de la hija.

—¿Habrían preferido que ella no se los dijera? —pregunté.

—¿Qué clase de mundo es éste donde puede suceder algo así? —inquirió a su vez el padre.

—¿Qué fue lo que sucedió?

—Si esto es a lo que lleva la terapia, seguir pagándola es tirar el dinero a la basura.

La madre estaba al borde de las lágrimas. -Lesbiana. Se la mandamos a usted, y ahora nuestra hija es lesbiana.

—¿Por qué dice que es lesbiana?

—¡Ella misma nos lo dijo!

—¿Ella les dijo que es lesbiana?, ¿lo dijo así?

Se miraron uno a otro como aliados contra una fuerza oscura y siniestra. La madre respondió:

—Vive y hace, sabrá Dios qué cosas con una mujer. ¿De qué otra manera lo llamaría usted?

—¿Cómo lo llamó su hija?

—Lo llame como lo llame, está demasiado enferma para saber qué es eso —contestó el padre, sacudiendo la mano con un gesto de reprobación.

—Dice amar a esa mujer —comentó la madre, confortando a su esposo con una palmada en el brazo. -Y hasta nos la quiere presentar.

—¿Y ustedes qué opinan?

—No sabemos qué pensar. ¿Sabía usted que ella y la mujer con la que vive tienen una relación abierta?

—¿Qué significa eso para ustedes? —pregunté.

—Que también se ve con otras personas. Una de ellas es un hombre.

—Mi hija tiene demasiada libertad, ese es el problema —dijo el padre, visiblemente enojado. -Un hombre aquí, una mujer allá. Así no se puede vivir, se es una cosa o se es otra, ese es el peligro, demasiada libertad. Ahora ella es lesbiana, diga lo que diga para racionalizar su conducta vergonzosa.

—¿Les ha sugerido que es bisexual?

—No le creemos —respondió él. -Sólo nos lo dice para que la dejemos en paz.

—¿Por qué dice usted eso? —pregunté.

—Porque se es una cosa o se es otra –contestó, golpeando con el puño el escritorio. -He vivido lo suficiente para saberlo, y llevo demasiado tiempo en esta cuestión para creerle a alguien que hoy dice ser una cosa y mañana otra. ¿Cuánto tiempo duraríamos usted y yo en esta cuestión, doctor, si viviéramos así?

—La vida amorosa de su hija no es una cuestión.

El señor se puso de pie, dispuesto a marcharse.

—Una cosa u otra, esa es toda la cuestión.

El punto de vista de "al pan, pan; y al vino, vino" posee una honestidad pura y abierta que yo francamente admiro. Es raro que la naturalidad carezca de encanto, pero eso no la convierte en verdad. Entender la complejidad de la elección extradimensional requiere algo más que mero candor, por fundado que esté en la experiencia.

—Siéntese —le dije, señalando su silla—. A todos nos preocupa su hija.

Durante la media hora siguiente, me alié con ellos en el deseo de un futuro psicosexual seguro para su hija. Habla muy bien de estos padres que, luego de un par de sesiones más, hayan terminado por aceptar (si no es que por respetar) la decisión de su hija sobre el objeto de su amor, pero aun así, jamás abandonaron la postura de "Una cosa u otra, ésa es toda la cuestión".

Etiquetar es un método probado de eliminar las amenazas de la incertidumbre, la ambigüedad y el temor, como lo ilustra un antiguo mito. En su versión más burda, ese mito afirma que un hombre puede tener muchos hijos, amar apasionadamente a las mujeres, obtener numerosos títulos del más alto nivel universitario, descubrir una cura para una enfermedad incurable y conseguir el más preciado reconocimiento de su país en el campo de batalla; pero si hace una felación, no se le conocerá como padre afectuoso, amante, erudito, ganador del Premio Nobel o valiente soldado, sino como "mamavergas".

Hay otro mito que, aunque no principalmente sexual, es igualmente absurdo en la asignación de una connotación negativa a una mera realidad de la vida con base en el prejuicio. Muchos estadunidenses, en especial en el sur, juzgan "negra" a una persona con apenas "una gota" de sangre afroestadunidense, ¿por qué no la consideran blanca, al menos en cierto grado?, la respuesta es tan simple como insolente: una amenaza resulta más llevadera si es posible desestimarla.

En el mundo de la opción sexual, los homosexuales equivalen a los negros; son "maricones", "afeminados", "mamavergas", no se les debe tomar en serio. Por alguna razón, Dios parece más seguro en el cielo si no nos preocupamos por el elemento de grado al juzgar una conducta amenazadora, en especial la conducta sexual, de ahí que, si en verdad los bisexuales son homosexuales a los que les falta un tornillo, su omisión social y psicológica sea un alivio y una garantía para todos. Esto se aplica tanto a los homosexuales como a los heterosexuales, porque la existencia, por menospreciada que sea, es preferible a la inexistencia.

Detestable como ha sido "el amor que no se atreve a decir su nombre" para la sociedad durante muchos siglos, al menos su inexistencia no se ha planteado nunca: a homosexuales y lesbianas puede habérseles desdeñado por su "perversión", pero su existencia psicosexual jamás se ha puesto en duda. Los homosexuales son parte de algo, las lesbianas son parte de algo, tienen una cultura propia, pueden ser leales a un equipo.

Nuestra cultura se considera liberal y tolerante, pero la opinión de los heterosexuales sobre los homosexuales es, por decir lo menos, negativa. En una encuesta de la CBS, el 72 por ciento de los entrevistados dijeron que la homosexualidad es una enfermedad; 11 por ciento lo consideraron un delito; 9 por ciento un pecado, y sólo 8 por ciento una preferencia.

Una encuesta Harris levantada antes de la Perestroika y la desintegración de la Unión Soviética reveló que 82 por ciento de los hombres y 58 por ciento de las mujeres pensaban que los homosexuales eran el tercer grupo más perjudicial para Estados Unidos, después de los comunistas y los ateos.

¿Es de sorprender entonces que ahora, tras el surgimiento de la liberación gay y de cierto grado de reconocimiento para los gays, los homosexuales puedan no querer reconocer su posible bisexualidad?

Para la mayoría de los heterosexuales y los homosexuales, el bisexual es un ser extraño cuya sexualidad dual abre la posibilidad de su propia ambigüedad sexual. No pueden entender que el bisexual comparta con ellos sus preferencias, no sus aversiones.

Las preferencias y aversiones eróticas de los heterosexuales no suelen permitirles comprender a los homosexuales, a éstos les deja perplejos, por su parte, la atracción por el sexo opuesto. Eso crea dos lados, con sus respectivas banderas, y aunque pueden ser una mutua amenaza ideológica, esos dos lados son tan diferentes entre sí como el águila estadunidense y el oso ruso en el apogeo de la Guerra Fría, su amenaza recíproca se conoce ya, y las líneas de batalla son claras.

El deseo de evitar el conflicto es normal y esencial para la vida. Sin tranquilidad de conciencia (al menos como la del tipo del golfista dominical), la locura nos pisaría los talones, si no nos protegiéramos contra ella, acabaría por arrojársenos al cuello. En nuestro tiempo, la tranquilidad de cualquier especie sólo está al alcance de los pocos que se conocen a sí mismos y de los muchos que mantienen enterrada la cabeza. La negación es uno de los mecanismos clásicos para conservar esa seguridad. A un heterosexual, por ejemplo, le es relativamente fácil negar la etiqueta de homosexual (y su posible rol en ese sentido) aun si se identifica con algunos componentes de la conducta homosexual. No está en libertad de identificarse con algo que exceda de ciertas acciones vagas, "neutras", como besar o ser objeto de felación, pero frente a un bisexual, ese mismo heterosexual debe lidiar con su posible ambigüedad sexual, así sea sólo de manera inconsciente. La razón de que le alivie saber que el bisexual no existe es porque le evita un conflicto interior. Que un homosexual considere atractivos a otros hombres no tiene nada que ver con el heterosexual, pero que un bisexual considere atractivos tanto a hombres como a mujeres sí tiene algo que ver con él, en una forma demasiado cercana para ser confortable. La posibilidad de identificación es mucho mayor en este caso, al sacar la cabeza antes enterrada, lo que el heterosexual ve podría resultarle insoportable.

Puesto que hasta ahora la bisexualidad ha sido en gran medida un estado negativo, un no-estado, un caso de "ni esto ni aquello" —una condición disfrazada de homosexualidad, o algo peor todavía—, ¿cómo describirla siquiera, y menos aún calificarla de sana? Pese a Edna St. Vincent Millay, la historia y la opinión ortodoxa han impuesto un alto precio al acto de encender la vela por los dos extremos, aunque su luz sea fascinante y posea una gran sabiduría convencional.

El estado de inexistencia es peligroso, sin duda. Liz y Bill, hijos de su tiempo, están entre sus víctimas.

La New York Public Library, el *Index Medicus* y el New York Psychoanalytic Institute emiten un severo juicio sobre la bisexualidad al decir poco o nada de ella. Al menos ahora entendemos mejor el porqué de tan profundo silencio.

Capítulo 2
Hacia una definición

¿Qué es la bisexualidad?

El prefijo "bi" significa dos, o doble. Llamamos bilingüe a una persona que domina dos idiomas, una definición bastante simple, pero la bisexualidad no es tan fácil de rastrear. Suele ser el estado más complejo de afinidad sexual con la gente, existe en diversos grados en cada individuo y sus dimensiones son múltiples.

Podría decirse incluso que su prefijo es engañoso: es "bi" sólo en la medida en que son dos los extremos del espectro de la preferencia sexual.

Justo esta complejidad es la que produce el amplio repertorio de ideas falsas sobre la conducta bisexual, a la que se entiende como homosexualidad disfrazada, un estado de transición de la heterosexualidad hacia la homosexualidad y, por supuesto, una enfermedad, la mayor de las invalidaciones psicosexuales.

La complejidad de la conducta humana resulta de la posibilidad de elegir. Entre más opciones permiten el entorno y estado interior de una persona, más complejo es el ejercicio de esa posibilidad; la vida cotidiana de los bisexuales, por ejemplo, supone respuestas y señales más complejas.

Aunque hombres y mujeres comparten más de lo que suele creerse, no por eso dejan de ser diferentes; y ya sea que los bisexuales operen en un nivel sano o neurótico, la expresión de esas diferencias involucra a la conducta en su totalidad, al espectro psicosexual entero. En la oficina o la fábrica, por ejemplo, el género del jefe o compañero puede importar a un empleado tanto como sus aptitudes. Para tener éxito en el trabajo; para volverlo divertido y aun tolerable, cada empleado debe hallar la manera de superar sus prejuicios personales, con objeto de cumplir con su labor. Si, por ejemplo, una mujer dice que sólo puede trabajar con mujeres, o un hombre que únicamente está en su elemento cuando lo emplean hombres, una y otro enfrentan obstáculos obvios en su desarrollo profesional. El hombre o mujer que puede trabajar en forma igualmente satisfactoria con personas de uno u otro sexo opera en un modo más complejo y adaptativo que el hombre o mujer que no puede hacerlo.

Aunque las relaciones sexuales son trabajo (si han de tener algo más que una importancia casual), también son placenteras, y una especie de juego. La combinación de trabajo y juego con parejas de uno u otro sexo requiere sutileza de conducta y flexibilidad de mente y cuerpo. Por razones que podrían resultar sanas, neuróticas, o ambas cosas, los bisexuales tienen una alta tolerancia a la ambigüedad y a las complejidades consecuentes. Pueden sentirse a gusto en ambos mundos y extraños en ninguno, su gama de respuestas físicas/emocionales es así más intensa y complicada.

En *Sexual Behavior in the Human Male* (Conducta sexual masculina), Alfred Kinsey escribe:

"El mundo no se divide en ovejas y cabras, no todo es negro ni todo es blanco. Es uno de los fundamentos de la taxonomía que la naturaleza trata rara vez con categorías diferenciadas. Sólo la mente humana inventa categorías e intenta introducir y clasificar hechos en casillas separadas. La vida es un continuum en todos y cada uno de sus aspectos. Cuanto más pronto entendamos esto en lo que concierne a la conducta sexual humana, más pronto obtendremos una firme comprensión de las realidades del sexo".

Continuum es aquí la palabra clave. No existen poblaciones diferenciadas de heterosexuales, bisexuales y homosexuales, habiendo dicho esto, hay que reconocer que, de todas maneras, es útil clasificar a las personas según su experiencia y/o respuesta. Kinsey desarrolló una escala de clasificación de siete puntos. Esta escala y sus explicaciones aparecen en la siguiente figura.

Figura 1. Escala de clasificatión heterosexual-homosexual

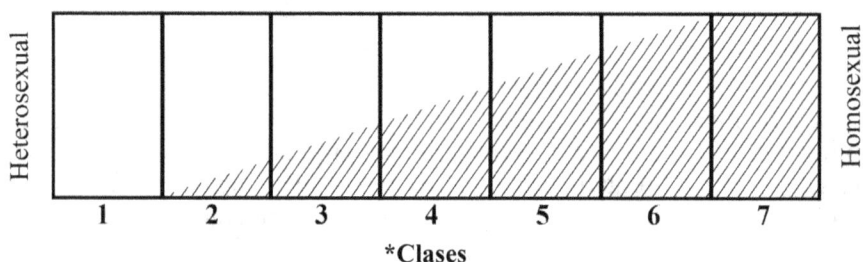

*Clases

---

*Kinsey usó en realidad los números 0 al 6, en vez del 1 al 7 que se muestran aquí.

FIGURA 1.
Escala de clasificación heterosexual-homosexual

1. Exclusivamente heterosexual
2. Predominantemente heterosexual, sólo incidentalmente homosexual
3. Predominantemente heterosexual, pero más que
   incidentalmente homosexual
4. Igualmente heterosexual y homosexual
5. Predominantemente homosexual, pero más que incidentalmente
   heterosexual
6. Predominantemente homosexual, sólo incidentalmente heterosexual
7. Exclusivamente homosexual

Kinsey no distinguió entre reacciones psicológicas y experiencias manifiestas, pese a ser evidente que existe una gran diferencia entre pensamiento y acción, entre fantasía y experiencia.

El que a una persona se le identifique por su orientación sexual es algo relativamente novedoso en la historia humana, ya que se remonta apenas al siglo XIX. Hoy en día, sin embargo, la gente actúa como si esa clasificación de la sexualidad fuera un axioma fijo en las relaciones entre las personas.

Para poder definir adecuadamente el término "bisexualidad", antes debemos entender qué es la orientación sexual. Cuando yo empecé a estudiar el concepto de bisexualidad, pronto resultó claro que la mayoría de las personas que entrevisté estaban confundidas sobre su orientación sexual. Su confusión no estribaba en lo que pensaban o sentían, sino en la definición que podían usar para sí mismas y los demás. Muchas de ellas creían que sólo podían optar entre dos categorías para describir su orientación sexual, a saber, homosexualidad o heterosexualidad, únicamente un porcentaje reducido percibía la posibilidad de la tercera categoría, la bisexualidad.

Pronto fue evidente también que, más allá de la forma en que definiéramos las tres categorías de la orientación sexual, limitarla a sólo esas tres posibilidades no hacía justicia a lo que aquellas personas sabían de sí mismas y de los demás. Así, empecé a introducirlas en la escala de Kinsey y la noción de un continuum de siete puntos entre la hetero y la homosexualidad (véase líneas atrás).

Andando el tiempo, sin embargo, descubrí que tampoco la escala de Kinsey satisfacía la necesidad de comprender el significado preciso de la orientación sexual, pues dejaba demasiadas preguntas sin contestar. Si por ejemplo, a una persona le asignábamos 2 o 3 en la escala de Kinsey, ¿exactamente qué queríamos decir con ello?

El *continuum* de siete puntos no respondía de modo satisfactorio a la complejidad del concepto de orientación sexual, ya que esta definición debe tomar en cuenta siete variables:

A. Atracción sexual
B. Conducta sexual
C. Fantasías sexuales
D. Preferencia emocional
E. Preferencia social
F. Estilo de vida heterosexual ↔ homosexual
G. Autoidentificación

Atracción sexual no es sinónimo de *conducta sexual*. Un individuo puede sentirse atraído por personas de un género pero tener relaciones sexuales con personas del otro, por ejemplo, Jane, de 34 años y madre de dos hijos, era monógama en su matrimonio, no tenía relaciones sexuales con mujeres, pero admitió rápidamente que en su infancia se había sentido atraída por ellas.

Anna Freud escribió que el sexo de quienes aparecen en las fantasías sexuales de una persona es el criterio básico de la preferencia homo o heterosexual, observación aparentemente aguda y sensata. Pero hay personas capaces de tener fantasías que implican a individuos de los dos sexos, en las que llevan y se dejan llevar por ambos hasta alcanzar el orgasmo. Un bisexual entrevistado durante la preparación de este libro narró una fantasía sexual en la que obtenía un aventón de parte de un hombre y una mujer atractivos que lo acomodaban entre ellos en el asiento. "Nos detenemos en el bosque y ellos empiezan a desvestirse, al mismo tiempo que me besan y acarician. La mujer es guapa, con bonitos senos y hombros, y él es muy amable pero muy masculino, y me la mama mientras la mujer y yo intercambiamos besos apasionados, luego nos bajamos del coche, y yo me cojo a la mujer y se la mamo a él al mismo tiempo, los tres nos venimos juntos. Es la mejor fantasía que haya tenido nunca, siempre termina en orgasmo."

Le pregunté si durante esa fantasía pensaba en el hombre o en la mujer. "En los dos, es decir, pienso en la verga de él y en los muslos, el culo y el coño de ella, y pienso que él se viene mientras yo me vengo dentro de ella. Pienso en los dos, en todo."

Fantasear con personas de los dos sexos no es el único tipo de imágenes bisexuales, a veces las fantasías tienen que ver sólo con mujeres, y otras sólo con hombres. Las *fantasías sexuales* son la tercera variable de la orientación sexual. A lo largo de cierto periodo ocurren cambios, radicales en ocasiones. Algunos individuos pasan por un cambio de 3 o 4 grados en el curso de su vida adulta.

La cuarta variable, la *preferencia emocional*, distingue de las tres variables sexuales anteriores este aspecto de la orientación sexual. Algunos prefieren tener relaciones sexuales con personas de un género, pero están emocionalmente vinculados con personas del otro.

La quinta variable de la orientación sexual es la *preferencia social*. ¿En qué grado le gusta a alguien socializar con personas de su mismo sexo y en qué grado con personas del opuesto?

El estilo de vida *heterosexual « homosexual* es la sexta variable. ¿En qué grado un individuo vive en el mundo social heterosexual? ¿Tiene amigos bisexuales u homosexuales, va a bares o discos de homosexuales, etcétera?

El último factor de importancia es la *autoidentificación*, la cual influye en muchos patrones mentales y de conducta. No fue hasta hace poco que la gente tuvo la opción siquiera de concebir la bisexualidad como un modo de vida; antes tenía que ser heterosexual u homosexual. Como vimos en el caso de Bill y Liz, esta autolimitación puede ser muy penosa, por ejemplo, un bisexual que se ve como homosexual quizá no sufra a causa de esta etiqueta; tal vez no encuentre nada negativo en ser "gay", pero una parte de él sabe que esa etiqueta es falsa, y sufre la angustia de alguien cuya imagen externa está en conflicto con su verdad personal, la cual no puede expresarse abiertamente (y a veces tampoco internamente).

Permítaseme ilustrar con el siguiente ejemplo la dificultad de usar la escala de Kinsey para decidir dónde colocar a cierto individuo en la escala de siete puntos, mientras que el empleo de la Cuadrícula de Orientación Sexual de Klein (COSK, que se explicará más adelante) nos permite delinear con claridad su orientación sexual. Kevin es un hombre casado que quiere mucho a su esposa y que tiene en promedio, relaciones sexuales con ella una vez a la semana, sin embargo, una vez al mes va a los baños gays de su ciudad a relacionarse sexualmente con hombres.

En la primera variable, atracción sexual, Kevin se puso una calificación de 6, es decir predominantemente homosexual y sólo incidentalmente heterosexual.

Si nos concentramos en la conducta sexual de Kevin, comienzan los problemas con la escala de Kinsey, pues con base en el número de sus parejas habría que asignarle un 6, ya que en un año tuvo relaciones sexuales con 12 hombres y sólo una mujer, pero con base en la frecuencia de sus desfogues sexuales, le correspondería evidentemente un 3, pues tuvo 52 experiencias sexuales con una mujer y sólo 12 con hombres. (Para una definición de estos números, véase la figura 2, pág. 19.) Usando la COSK, pedimos a Kevin que se calificara en esta variable, conducta sexual. Él se puso 4.

En cuanto a la tercera variable, nos dijo que el año anterior sus fantasías sexuales habían sido exclusivamente con hombres, lo que en este renglón lo sitúa en el número 7 de la Cuadrícula de Orientación Sexual de Klein.

¿Y su vida emocional? Kevin tiene un solo amor, su esposa; nunca ha sentido nada por ningún hombre. Así, en la cuarta variable, preferencia emocional, recibe 1 de calificación.

Y como le gusta por igual la compañía social de hombres y mujeres, en este rubro le ponemos 4.

Kevin vive casi exclusivamente entre heterosexuales y, más allá de los baños que visita, no está asociado en absoluto con personas u organizaciones homosexuales o bisexuales. En esta variable recibe 2.

Kevin se pone 5 en autoidentificación, la última de las siete variables.

Empleando los números de la Cuadrícula de Orientación Sexual de Klein, el perfil de Kevin es por tanto de 6, 4, 7, 1, 4, 2 y 5. Este ejemplo destaca la complejidad del concepto de orientación sexual. Dada esta complejidad, ¿qué número asignaríamos a Kevin en la escala de Kinsey? Hacerlo caber en una de las categorías de heterosexual, bisexual y homosexual sería más difícil todavía, pese a ello, yo he escuchado argumentos a favor de estas tres etiquetas como las categorías "genuinas" o "veraces" para cualquier persona.

Ni siquiera esas siete variables toman en cuenta la complejidad íntegra de la orientación sexual. Hasta aquí hemos dejado fuera de la definición el hecho de que muchas personas cambian en el tiempo respecto a su orientación sexual. Esto es específicamente cierto de numerosos bisexuales, gays y lesbianas. El punto en el que una persona se encuentra hoy (en términos de conducta, sentimientos e identificación) no es necesariamente el mismo en el que estuvo en el pasado, ni en el que estará o le gustaría estar en el futuro. El concepto de un proceso constante y dinámico debe incluirse en la definición para poder conocer la orientación de una persona.

FIGURA 2. Cuadrícula de Orientación Sexual de Klein

Variable	Pasado	Presente	Ideal
A. Attraccíon Sexual			
B. Conducta Sexual			
C. Fantasías Sexuales			
D. Emocional			
E. Preferencia Social			
F. Estilo de Vida Hetero/Homo			
G. Autoidentificación			

Las personas se califican en una escala de 7 puntos, del 1 al 7, como sigue:

En las variables A a E:

1. = Sólo por/con el sexo opuesto
2. = Principalmente por/con el sexo opuesto
3. = Ligeramente más por/con el sexo opuesto
4. = Por/con ambos sexos igual
5. = Ligeramente más por/con el mismo sexo
6. = Principalmente por/con el mismo sexo
7. = Sólo por/con el mismo sexo

En las variables F y G:

1. = Solo hetero
2. = Principalmente hetero
3. = Ligeramente hetero
4. = Hetero/gay-lésbica por igual
5. = Ligeramente gay-lésbica
6. = Principalmente gay-lésbica
7. = Sólo gay-lésbica

En vez de usar un número único para asignar y describir la orientación sexual de una persona, se hace necesario emplear una cuadrícula. Fue así como se desarrolló la Cuadrícula de Orientación Sexual de Klein, para tomar en cuenta esos factores (véase la figura 2). Esta cuadrícula nos permite advertir y entender de un vistazo cuál es la orientación de una persona.

La COSK tiene algunas limitaciones, pues no cubre algunos aspectos de la orientación sexual: a) no considera la edad de la pareja; b) la variable de preferencia emocional no diferencia entre amor y amistad; c) la atracción sexual no distingue entre lujuria y limerencia[1] ; d) la cuadrícula no explica qué entiende por frecuencia en la conducta sexual: ¿número de parejas? o ¿número de ocurrencias sexuales?, y e) no incluye los roles sexuales, como tampoco los roles masculino/femenino.

Aunque las anteriores dimensiones de la orientación sexual no están incluidas en la COSK, sus siete variables y tres marcos temporales cubren los aspectos más importantes. La cuadrícula es fácil de llenar, y en más de una persona ha provocado una reacción de "¡ajá!" acerca de su ubicación en el *continuum* de la orientación sexual.

La gente difiere infinitamente: en estatura, inteligencia, excitabilidad, perseverancia, color, edad, punto de vista, nacionalidad, religión, peso, sexo, aptitud, etcétera. Difiere en todo sentido, externo e interno. Ningún bisexual refleja necesariamente una proporción de 50-50 en el porcentaje de su preferencia por hombres y mujeres. Afirmar lo contrario sería tan falso como asegurar que se satisface por completo el estereotipo ideal del macho o el tipo ultrafemenino.

En el marco de este continuum es necesario destacar tres facetas de la bisexualidad: transitoria, histórica y secuencial. Una opinión generalizada sostiene que todos los bisexuales se hallan en una etapa transitoria, por lo común de la hetero hacia la homosexualidad. Pero de acuerdo con mis hallazgos y experiencia, esto sólo puede decirse de

---

1   Limerencia (anglicismo proveniente de *limerence*) es el nombre propuesto por la psicóloga Dorothy Tennov para un fenómeno emocional cognitivo involuntario producido en ciertas personas y vinculado al enamoramiento. Fue descubierto por Tennov en un intento de estudiar científicamente la naturaleza del amor romántico a mediados de la década de 1960. El nombre fue acuñado en 1979 en su libro "Love and Limerence: the experience of being in love". No tiene ninguna etimología concreta y fue elegido por su sonoridad. La limerencia puede en algunos casos ser exactamente lo que uno trata de expresar cuando dice que está "locamente enamorado" (en inglés "having a crush"), aunque este estado a diferencia de un enamoramiento a primera vista puede durar meses, años e incluso toda la vida. Se caracteriza por una gran cantidad de pensamiento intrusivo y pronunciada sensibilidad a eventos externos que pudieran reflejar la disposición del objeto limerente hacia el individuo. Puede ser experimentada como intensa alegría o como extrema desesperación, pudiendo esto variar dependiendo de la situación respecto de la otra persona.

un reducido porcentaje de ellos. Estos individuos usan la bisexualidad como puente para pasar de un extremo a otro del continuum de la orientación sexual. A lo largo de su vida, algunos pueden cambiar de orientación en más de uno o dos puntos de la Cuadrícula de Klein, aunque por lo general no en un periodo corto. El cambio de emociones, ideales y conducta implicado por esa alteración causa a veces el estado de bisexualidad, ésta tiende a volverse la norma para los individuos en cuestión, mientras que son pocos los que completan el cambio de la hetero a la homosexualidad, para estos pocos, el periodo de bisexualidad transitoria puede ser muy breve o durar muchos años, este puente es también de dos sentidos: una persona puede pasar de la hetero a la homosexualidad o de la homo a la heterosexualidad.

La bisexualidad histórica se manifiesta en quien lleva una vida predominantemente hetero u homosexual pero en cuya historia hay experiencias y/o fantasías bisexuales. La historia bisexual es extensa a veces, mínima en otras.

La bisexualidad secuencial es muy común. Joan B., una paciente mía, comenzó una relación con una mujer tras romper con un hombre. Dos años más tarde (cuando inició la terapia) acababa de terminar con esa mujer, y poco después empezó una relación con otro hombre. En la bisexualidad secuencial las relaciones sexuales de una persona ocurren únicamente con individuos de un género en cualquier momento dado, la frecuencia de paso de un género hacia otro varía según la persona y sus circunstancias, por supuesto.

La gama de la preferencia bisexual es muy amplia, de la casi absoluta preferencia por un sexo al disfrute con cualquier género y la casi absoluta preferencia por el sexo opuesto. Existe asimismo la actividad homo o heterosexual episódica, temporal, experimental y situacional. Un ejemplo de preferencia bisexual episódica es la mujer que se acuesta con otras sólo cuando está ebria. Un ejemplo de preferencia temporal es el hombre predominantemente homosexual que cuando tiene una relación con una mujer, prefiere tener sexo únicamente con ella. Representa al bisexual experimental la persona que cambia de género en sus objetos sexuales sólo una vez, para ver qué se siente, por ejemplo. Muchos hombres normalmente heterosexuales, dadas las circunstancias, practican en la cárcel la bisexualidad situacional, aunque preferirían a mujeres.

Las actitudes públicas ante la preferencia sexual también tienen profundos efectos en la vida de los individuos. "Salir del clóset" se asocia principalmente con homosexuales recién declarados, pero podría aplicarse de igual forma a los bisexuales. Un "bisexual de clóset" practica su sexualidad en secreto, sin despertar sospechas. (En el capítulo 8 se analizará en detalle la manera en que se las arreglan muchos bisexuales para informar de su orientación sexual a sus amigos, colegas y familiares).

El aspecto subjetivo de la conducta bisexual debe, asimismo, tomarse en cuenta: una prostituta que acepta por dinero acostarse con una lesbiana podría no considerarse bisexual; los prostitutos que cobran a quien les hace una felación no suelen concebirla como un acto homosexual ni considerarse bisexuales.

La subcultura bisexual sería una dimensión más de la vida bisexual, pero en caso de existir, es demasiado limitada para tener una importancia perceptible. Dada la creciente atención de los medios a la bisexualidad, sin embargo, es probable que veamos desarrollarse una nueva subcultura conforme los bisexuales aumenten la frecuencia de su interacción, y que descubramos en qué medida son un grupo especial, con opiniones y conductas diferentes a las de otras personas.

Otro aspecto de la bisexualidad por considerar es la diferenciación entre sexualidad e intimidad. La conducta sexual con y los sentimientos eróticos por personas de uno u otro sexo definen únicamente al bisexual, mientras que la intimidad está presente en todo tipo de relaciones humanas, nos ocuparemos con mayor detalle de esto en el capítulo 3.

Por último, es muy importante señalar que bisexuales, heterosexuales y homosexuales viven por igual en un estado de movimiento, dentro del que todo lo cubierto por el espectro psicosexual es posible. Desde luego que esto convierte a todas las etiquetas sexuales, incluida la de "bisexual", en una mera (aunque necesaria) suposición. Esos modos de ser pueden definirse y localizarse después en ciertos puntos del *continuum*.

Escuchemos a dos pacientes mías hablar en una sesión grupal en la que creen hallarse en su evolución sexual.

Betty: Mi problema es que sigo buscando la gran relación de luz neón, el príncipe azul que me haga feliz para siempre.

Wanda: ¿Y qué tal si el príncipe azul es una mujer?

Betty: Bueno, también he pensado en eso. Es un hecho que tengo más relaciones con mujeres que con hombres.

Wanda: ¿Sexuales?

Betty: Sí.

Wanda: ¿Qué piensas de ti misma? En términos sexuales, quiero decir.

Betty: ¿Honestamente?

Wanda: ¡Claro!

Betty: Creo que me apegué al título de bi para poder cubrir todas las bases.

Wanda: ¿De veras?

Betty: Bueno, actualmente vivo con una mujer a la que quiero mucho, y por el momento no quiero a nadie más, así que creo que en realidad estoy pasando del enfoque bi al gay. Mi pareja y yo discutimos por esto todo el tiempo, es algo que ya está afectando nuestra relación.

Wanda: A ella le molesta tu fantasía del príncipe azul…

Betty: No, para nada. Insiste en que deje de preocuparme en si soy bi o gay y me ponga a pensar en nosotras, es decir, que me concentre en nosotras, en lo que somos ahora.

Wanda: Parece como si te estorbara ser bi, es decir, tu concepción de eso. Yo soy bi pero, igual que tú, estoy dejando de serlo (al menos en los hechos) para volverme gay, y pese a eso en este grupo eres la única a la que consideramos lesbiana. Yo no he tenido relaciones ni fantasías sexuales con hombres en años. Creo que eres la única a la que percibimos así porque sigues queriendo ser una cosa o la otra. Tu fantasía del príncipe azul está bien, pero ¿por qué no te imaginas en un momento futuro en otro contexto?, ¡vaya!, yo ya soy principalmente gay, y dudo que vuelva a acostarme con un hombre el resto de mi vida, aunque no puedo estar segura. Creo que tu pareja tiene razón: ¿por qué no dejas de preocuparte en si eres gay o bi y piensas en ustedes? Si ella puede vivir con el príncipe azul, tú también deberías poder. Ella ve tus posibilidades más claramente que tú.

Un comentario sobre los factores biológicos, culturales y psicológicos. Consideremos la concepción, el medio (o milagro, si se quiere) por el cual comienza una nueva vida: el óvulo y el esperma se unen, y una persona es concebida, a partir de ahí se desarrolla un embrión, que luego se convierte en feto, pasan los meses y se forma un bebé que nace cuando los meses llegan a nueve.

"¿Fue niño?", "¿fue niña?" éstas suelen ser las primeras preguntas, con una voz que sugiere que el género del infante fue determinado por el nacimiento mismo, pero el embrión empieza a diferenciarse sexualmente en la sexta semana desde la concepción, hasta entonces, aunque genéticamente diferentes, el "niño" y la "niña" parecen iguales. En la sexta semana comienzan a formarse las gónadas masculinas, los testes. En la mujer, la gónada primitiva no empieza a desarrollarse en forma de ovarios hasta la decimosegunda semana. El feto está provisto así de dos juegos completos de conductos genitales, uno masculino y otro femenino, en cierto momento del tercer mes del feto, uno de esos juegos se desarrolla y crece, mientras que el otro desaparece, salvo por algunos residuos. De todos los aparatos del cuerpo humano, sólo el reproductor tiene dos formas (es dimorfo).

El cromosoma XY (masculino) o XX (femenino) es el que programa y define a los órganos sexuales reproductivos para que se desarrollen como testes (M) u ovarios (F). Cuando se concibe a una persona, es hombre o mujer sólo por la diferencia de sus cromosomas.

Luego es niño o niña por sus diferencias hormonales y de órganos sexuales externos e internos, masculinos o femeninos. ¿Ahí termina la historia?, ¿la identidad y desarrollo sexual se detiene al momento del nacimiento? no, de hecho, en ese instante el desarrollo psicosexual de la identidad de género masculina/femenina no ha comenzado aún. Un niño o niña adquiere su identidad después de nacer. La identidad de género depende en gran medida de la biografía personal: las primeras experiencias, la educación, el medio cultural y social, etcétera. Junto con el programa sexual prenatal, estas primeras huellas son la base de esa identidad.

En 18 meses, la identidad de género ha llegado al punto de no retorno, si, por ejemplo, se cometió un error y el bebé fue criado conforme al sexo opuesto, entonces es ya demasiado tarde para cambiar el patrón de crianza, porque uno nuevo no prendería, o lo haría sólo parcialmente, y una confusión de identidad de género sería el resultado inevitable, pero si el error se detecta antes de los 18 meses, puede practicarse una reasignación de sexo, y educar al niño o niña en la tradición del sexo que le corresponde.

Si a un bebé se le educa conforme a un género, desarrollará la identidad de ese género, aun si es contraria a su sexo cromosómico, gonadal u hormonal.

Sin embargo, la identidad de género tiene poco que ver con la atracción por personas del otro sexo o del propio. Un hombre puede tener una identidad masculina fuerte, e incluso super fuerte, y aun así sólo sentir atracción por personas de su mismo sexo. La gente refuerza su identidad de género a lo largo de su vida, mediante sus relaciones sexuales, pero la "sensación" de ser hombre o mujer no procede necesariamente de hacer el amor con personas del otro sexo o del propio. El reforzamiento proviene de muchas fuentes en el entorno de un individuo, entre las que está el contacto íntimo con una persona, sea hombre o mujer, cuya identidad de género es afianzada a su vez por la de su pareja, por ejemplo, un bisexual con una profunda relación con una mujer que le hace saber, de palabra y acción, que le gusta lo hombre que es, también podría sentir su masculinidad interior con un hombre al que le excitan las mismas cualidades que a ella, con lo que, de igual forma, debería terminarse es con la idea de que en las actividades homosexuales existen posiciones o actos masculinos y femeninos, y que una posición o conducta específica determina que una persona desempeñe el rol masculino o femenino. El rol de género de un individuo, la manifestación externa de su identidad de género, no necesariamente se asocia con lo que hace en la cama, la identidad de género puede reforzarse con la atención de la pareja, pero de ninguna manera depende de ella.

La identidad de género, o cómo nos vemos a nosotros mismos, es una cuestión cultural, construida. Antes de ese punto de no retorno de los 18 meses, cualquier criatura puede ser programada para la autoidentificación masculina o femenina, pese a su naturaleza biológica. Existen casos de asignación de sexo en niños que han sufrido lesiones genitales. John Money y Anke A. Ehrhardt dan un ejemplo de ello en *Man and Woman, Boy and Girl*, (Hombre y mujer, niño y niña).

La extrema excepcionalidad de este caso de reasignación de

sexo en la primera infancia reside en el hecho de que el niño, gemelo, nació normal, sin malformación genital ni ambigüedad sexual. La idea de la reasignación de sexo no se habría considerado nunca de no haber sido por el percance quirúrgico que sufrió el bebé a los siete meses de edad, en el que el pene fue lesionado, junto con la pared abdominal. El percance ocurrió en el curso de una circuncisión por electrocauterio. La corriente eléctrica fue tan intensa que quemó el tejido del pene, el que se gangrenó y desintegró.

Como señalan Money y Ehrhardt, los padres de ese niño eran jóvenes rurales, que contaban apenas con educación básica. "Comprensiblemente, estaban desesperados por saber qué podía hacerse...". Lo que hicieron, luego de mucho sufrir y buscar respuestas, fue consultar a un cirujano plástico familiarizado con los principios de la reasignación de sexo, quien recomendó reasignar al niño como niña, esto se llevó a cabo mediante reconstrucción genital. Una terapia de remplazo hormonal con estrógeno reguló la feminización.

No obstante, tanta aplicación médica (externa e interna) en este problema habría sido inútil si los padres no hubiesen educado al niño como niña, con todas las consecuencias culturales que esto acarrea. A las niñas se les trata diferente que a los niños, y esto tiene que ver con que sean hombres o mujeres tanto como su asignación de género al nacer.

¿Fue niño?, ¿fue niña?, con lo que ya sabemos sobre las huella de la cultura en la conducta, esta pregunta deja de ser fácil de contestar.

Siendo dimorfo, el aparato reproductor guarda residuos masculinos y femeninos, los que subsisten —en uno u otro grado— en todas las personas hasta el fin de sus días, esto es, a su modo, bisexualidad germinal; y aunque se le puede expulsar de la mente consciente, permanece en cada persona, latente quizá, pero viva.

Tanto para los heterosexuales como para los homosexuales, la interpretación de los sueños es la llave maestra de la posible verdad. Es un hecho psiquiátrico conocido que, en la interpretación de los sueños, el contenido manifiesto de un sueño representa y simboliza ideas y objetos inconscientes. W. Stekel afirma que "todo sueño es bisexual", y yo he confirmado la frecuencia de una faceta muy especial de la interpretación onírica: que los heterosexuales sueñan de vez en cuando con actividad homosexual, y los homosexuales con actividad heterosexual. "De muchos sueños es posible aseverar, si se les interpreta con cuidado", escribió Freud, "que son bisexuales, pues resulta innegable que admiten una 'sobreinterpretación' en la que los impulsos homosexuales del soñador son impulsos realizados, o sea contrarios a sus actividades normales." Esto no quiere decir (y Freud lo afirma así en el mismo párrafo) que todos los sueños puedan interpretarse de esa manera, aunque muchos de sus aspectos son efectivamente de naturaleza sexual. Para interpretarlos, es necesario explorar las asociaciones del soñador con el contenido del sueño.

Hace unos años un paciente mío, con una actitud y estilo de vida resueltamente heterosexual, me contó un sueño en el que una espina de una rosa blanca de tallo largo le picaba la palma de la mano, aunque no era una pesadilla, el sueño lo despertó, y él no pudo volver a dormirse el resto de la noche. Sus reveladoras asociaciones nos condujeron hasta un amigo suyo de la preparatoria, llamado Whitey, con el que había intimado, aunque sin sentirse a gusto, con base en esto, la naturaleza sexual del piquete en la mano resultó obvia.

Otro paciente, exclusiva y orgullosamente homosexual, me relató un sueño recurrente en el que hacía una felación a un pene de base ancha con un glande rojo y pequeño. No es de sorprender que sus asociaciones nos hayan llevado a los senos de su madre.

En ambos casos, los hombres implicados no deseaban conscientemente lo que sus sueños representaban, esos sentimientos e ideas se hallaban en su inconsciente.

Si el animal humano tiene componentes bisexuales en su naturaleza consciente o inconsciente, ¿qué decir de las categorías inferiores de la vida animal?, ¿por qué se inclinan menos a la conducta bisexual? A diferencia de los seres humanos, los animales están estereotipadamente programados para aparearse y reproducirse sin los creativos detalles permitidos por la inventiva superior del cerebro humano. Aun sociedades muy primitivas usan las diversas posibilidades de la afinidad sexual para adorar a su dios o reforzar su vida familiar y tribal. En el mundo occidental, la homosexualidad masculina fue vista hasta hace poco como una negación de la virilidad, pero en algunas culturas, las relaciones entre hombres que tienen como propósito ingerir semen, son actividades reconocidas. Conforme a los estándares del pueblo Kukukuku de Nueva Guinea, por ejemplo, tales relaciones son condición básica para convertirse en hombre cabal, competente para sobrevivir como miembro de la tribu y guerrero, esta práctica de la homosexualidad se asocia con la práctica y responsabilidad de la heterosexualidad y contribuye a mantener en equilibrio el número de nacimientos.

Otro ejemplo de bisexualidad socialmente aprobada lo da el pueblo Batak del lago Toba, en el norte de Sumatra, con una larga tradición de relaciones sexuales entre adultos y jóvenes antes del matrimonio. Una vez que éstos se casan, sin embargo —y a ningún hombre se le permite permanecer soltero—, la monogamia es la regla.

Ser hombre o mujer implica algo más que la capacidad de desarrollar barba o menstruar.

Estudios sobre transexualismo y hermafroditismo demuestran que no es indispensable que una mujer lo sea genéticamente para cuidar en forma satisfactoria, al modo femenino, a un hijo adoptado. El niño responderá a lo que parece ser una mujer si el ser humano detrás del rol se considera mujer. Ella triunfará o fracasará como madre no con base en su realidad genética, sino en su aptitud para dar y recibir amor.

Lo mismo que la identidad de género masculina o femenina y su expresión pública (el rol de género), también la orientación sexual se establece después de nacer. El deseo o ejecución real de relaciones sexuales con personas del otro género, el propio o ambos es algo que se asienta a lo largo de la vida, pero a diferencia de la identidad de género, que se fija en la infancia, en muchos casos la orientación sexual cambia después. Los factores culturales de la bisexualidad, tanto como de la hetero y la homosexualidad, son complejos y, pese a todas las hipótesis, nuestro conocimiento de la totalidad de las causas de la orientación sexual dista aún de ser completo. Pero parece indudable que los factores culturales desempeñan el principal papel.

Capítulo 3
"El nivel de intimidad bisexual"

En nuestra sociedad, el miedo a la intimidad se expresa parcialmente mediante la heterofobia y la homofobia, el temor a personas del otro sexo y el propio. La principal causa de ese miedo, y de la confusión consecuente, es que, aunque estrechamente relacionadas entre sí, sexualidad e intimidad no necesariamente viven juntas. Implican sentimientos y necesidades complementarios, pero también independientes, su compatibilidad depende de las circunstancias individuales y de la presión social.

La cercanía con un amigo tendido en el hospital, por ejemplo, puede llegar a un nivel de 100 por ciento de intimidad, sin que el sexo forme en absoluto parte de ella, pero si, al mejorar el amigo, surge la posibilidad de sexo, la intimidad se vuelve más compleja. Otro escenario: supongamos que dos personas se sienten tan unidas en una situación íntima que el siguiente paso obvio es un simple abrazo, (nacido del impulso sexual, el mero afecto o ambos) si ese abrazo es negado por inhibición individual o presión social, la relación entre esas personas es íntima en menos de 100 por ciento, ya que ellas no responden libremente a todas las opciones posibles en su situación.

La orientación sexual tiene efectos evidentes en la naturaleza de la sexualidad, pero desde la infancia se nos orienta a todos a pensar y actuar en términos sexuales de una forma particular. Sea cual sea esa orientación, en ella es posible la intimidad total.

Todas las personas, independientemente del lugar que ocupen en el *continuum* de la orientación sexual, necesitan lo que conocemos como amor. Los sabios han ponderado la naturaleza del amor, y hasta ahora nadie lo ha definido a satisfacción de todos. ¿Qué es la vida?, ¿qué es el amor?, en estas páginas no se pretenderá contestar preguntas tan elevadas, pero intentaremos responder una pregunta más modesta relacionada con la vida y el amor: ¿qué es la intimidad?

Entrar al territorio de la intimidad es tan natural —aunque menos trascendente— como el primer aliento al llegar a este mundo y el último suspiro antes de dejarlo. Para vivir y morir no tenemos opción, nacimiento y muerte, por apacible que haya sido la travesía, son las dos grandes sacudidas de la existencia, a la primera tendemos a verla como positiva, a la segunda como negativa. Antes éramos uno con nuestra madre; la vida empieza con una especie de muerte, el fin traumático de esa unión; así, la intimidad está en estrecha relación con la experiencia de nacer y morir. Puesto que —desde mi punto de vista— no recordamos conscientemente nuestro nacimiento ni volvemos a la vida para recordar nuestra muerte, la intimidad (el anhelo de unión con otro ser humano) es nuestro lazo más fuerte con los dos sucesos supremos de nuestra existencia. Gustar de amar a otra persona con toda confianza y compartir emociones y experiencias con ella tiende a verse y describirse en referencia a esos dos hechos. ¿No hemos oído decir a alguien, en la primavera del amor, "Me siento renacer", o, al final de una relación, "Ha muerto una parte de mí"?, ésta es la gran paradoja. La aceptamos, le tememos, la experimentamos en la medida en que la aceptamos, la negamos en cuanto que le tememos.

La posibilidad, entonces, de una intimidad de 100 por ciento es cuestión de estar dispuestos a perder para ganar. ¿A qué me refiero en términos psicosexuales cuando digo "intimidad de 100 por ciento"? Imaginemos a 10 personas, cinco hombres y cinco mujeres, que viven en un lugar aislado, compartiendo, gustándose y amándose con toda confianza, aunque cada uno exclusivamente con el otro sexo o el propio, podría decirse que esto representa una intimidad de 50 por ciento, pero si cada miembro de ese grupo estuviera abierto a una intimidad completa con las personas de los dos sexos, una intimidad de 100 por ciento sería al menos posible.

El movimiento es la condición, el *continuum* el marco en que podemos ver y juzgar nuestra capacidad para intimar, en ese marco, sin embargo, hay tres etapas de la intimidad: *mínima, circunscrita* y *completa*.

Todo ser humano nace con el potencial y la necesidad psicológica de intimar. Su entorno, neurosis o ambas cosas pueden causar una casi total incapacidad de intimar con otros, lo que refleja una capacidad *mínima* para intimar.

La intimidad *circunscrita* excede a la mínima, pero se ve finalmente bloqueada por la falta de total confianza en el acto de compartir experiencias y emociones. "Confianza" es el puente de la intimidad circunscrita a la completa, una vez en él, una persona es capaz de *gustar* y de amar selectivamente a otras, así como de *compartir* plenamente con ellas emociones y experiencias.

Más allá de su grado, las posibles situaciones de intimidad son tan variadas como la vida misma, aun así, la intimidad puede dividirse en dos grandes tipos: sexual y emocional. La moneda corriente de la intimidad sexual es la satisfacción física, la gratificación sexual, recuperamos de este modo la proximidad de la infancia, aunque esta vez como adultos en ejercicio de nuestra sexualidad. La necesidad y deseo de este tipo de intimidad es muy fuerte, y el afán de alcanzarla suele aparecer a temprana edad y durar hasta la vejez.

Las situaciones de intimidad emocional van de la de bebé-madre a la de hijo-padre y, en el espacio social, a aquellas con amigos y conocidos.

Nuestra primera experiencia de intimidad tiene lugar con nuestra madre, primero en el útero y luego cuando bebés, se nos acaricia, mece, abraza, alimenta y abriga; no hay deseo que no nos sea concedido, con amor maternal. Todo niño necesita esta experiencia para ser capaz más tarde de establecer cercanía e intimidad con otras personas, después viene la intimidad con los padres y la familia en su conjunto; desprendido de su unión con la madre, el hijo participa ahora en la intimidad emocional de la familia. Hasta la edad adulta, idealmente, el hijo ama y es amado por su familia, y comparte las experiencias y emociones de cada miembro de ella, en otras palabras, se beneficia de la intimidad emocional completa.

El adulto con atrofia emocional fue un niño con trauma emocional, que no obtuvo intimidad familiar total, ya sea porque sus padres se divorciaron o porque su familia era incapaz de dar y recibir completa intimidad, éste fue el caso de una paciente mía, atractiva e inteligente mujer de mediana edad que nunca se había casado, pese a tener numerosas relaciones con hombres, esta mujer inició la terapia porque un hombre al que quería mucho deseaba al menos vivir con ella, si no es que hasta casarse, propuesta que a ella le pareció aterradora.

De niña en una granja en un pueblo de Pennsylvania, ni sus padres ni sus abuelos, que vivían en la misma casa, mostraron jamás emoción alguna. "Mis papás dormían en cuartos separados, y nunca los vi abrazarse, ni siquiera discutir. Tuve mi primera menstruación a los doce años, y me dio miedo, pero no podía recurrir a mi madre ni a mi abuela. De no haber sido por una maestra, no habría sabido qué me pasaba. Mi papá era peor aún. Auténtico gótico estadunidense. Jamás nos dijimos más de dos palabras, y nunca me tocó. *Nunca.* Cuando murió, hace unos años, mi mamá no manifestó ningún sentimiento, y cuando le pregunté si lo extrañaría me contestó: 'Así tenía que ser, y punto'".

Los adultos experimentan intimidad emocional todos los días, en uno u otro grado. Tres importantes situaciones sociales en las que priva una intimidad tácita o explícita son las reuniones, el trabajo y el juego, los deportes por ejemplo. En las reuniones, la química de los involucrados permite compartir emociones sin miedo. Este acto cordial de compartir afecto es a veces tan conmovedor que puede ser significativo incluso en situaciones sociales entre desconocidos, cierto, la mera forma, o formalidad, de algunas situaciones sociales —como un coctel— vuelve improbable, aunque no imposible, una intimidad significativa con un desconocido, cuando ésta se da, con frecuencia resulta inolvidable, aun si no volvemos a ver nunca a esa persona.

En el trabajo, la intimidad es el punto de cohesión social que hace posible la estructura del logro. Así se trate de una palmada en el hombro por una tarea bien hecha, una grata comida con un cliente o la ayuda de un compañero para sujetar un cable, las situaciones de trabajo tienden a producir entre los individuos una unión de calidad indescriptible. Más de un empleo ha sido abandonado no por el salario o la labor en sí, sino por la falta de intimidad emocional en el trabajo.

Recordemos las grandes alturas emocionales alcanzadas al compartir con los compañeros de equipo una importante victoria o derrota en el campo de juego. También los espectadores pueden compartir entre sí esos altibajos emocionales, sin embargo, la efectiva participación en deportes permite una intimidad más intensa, porque implica compartir no sólo emociones y experiencias, sino también amistad y confianza.

No hay peor castigo que el aislamiento por eliminación de la intimidad, la incomunicación es la peor de las penas, sólo inferior a la muerte. La intimidad emocional es una necesidad básica del animal social llamado "ser humano".

Un elemento muy importante de la intimidad sexual y emocional es la cercanía a través del tacto. El tacto no debe ser necesariamente sexual para ser íntimo. Transmite amor y confianza desde el nacimiento, contacto primario cuya plenitud se repite sólo en el acto sexual, sin embargo, el contacto físico ocurre toda la vida, aun a la manera formal y ritualizada de los adultos. Estrechar la mano de un desconocido, dar un beso en la mejilla a alguien, abrazarlo y palmearle el hombro son algunas conductas aceptadas en todos los pueblos y razas. La forma específica del tacto puede variar, pero una u otra versión es universalmente necesaria y deseable.

Ahora podemos entender un poco mejor las causas de la heterofobia y la homofobia. En esencia, ambas resultan del miedo a la intimidad sexual que sigue de la intimidad emocional, ésta suele suponer alguna forma de contacto físico, o al menos de proximidad, la que, por supuesto, podría resultar demasiado cercana para ser confortable, así, para asegurar la exclusión del sexo, a veces evitamos la intimidad emocional. El homosexual heterófobo es incapaz de imaginar verdadera intimidad emocional con una mujer, situación en que la intimidad sexual se trasciende al punto de ser irrelevante. La progresión a un contacto físico natural y afectuoso es impedida en este caso por la heterofobia. El heterosexual homófobo es incapaz de imaginar plena intimidad emocional con un hombre, una intimidad en la que el tacto y la satisfacción física en un nivel no erótico ni sexual son no sólo posibles, sino también lógicos y necesarios. Su homofobia es más fuerte que su percepción de la íntima verdad de la situación.

Heterofobia y homofobia causan también en parte la formalización y ritualización del contacto físico en la conducta íntima adulta. Un abrazo de veras sólo se permite entre parejas (estado en el que la intimidad sexual es abiertamente reconocida), y a veces entre parientes (aunque no siempre, debido al miedo fundamental al incesto). Entre individuos se permite en momentos de triunfo, y en los deportes, donde, por ejemplo, la "masculinidad" de los futbolistas está fuera de duda. Se permite asimismo luego de un desastre, o en circunstancias de desesperación, en estos casos, dos hombres pueden abrazarse y hasta besarse; los tabús se olvidan, y se atribuye al contacto un significado no sexual, porque se le juzga bajo la misma luz que al abrazo primario, "presexual", de la infancia.

¿Cuál es la consecuencia de negar mucho tiempo esa real y personal necesidad humana?, la neurosis, cuya severidad dependerá de lo lejos que haya llegado la huida de la intimidad completa.

Sustituir el contacto humano por mascotas es una forma de huir de la intimidad, pero ciertos tipos de contacto humano también pueden ser sustitutos. Una paciente mía podía relacionarse íntimamente sólo con niños menores de tres o cuatro años. Creía inofensivo expresar emociones a niños y niñas pequeños porque el riesgo de rechazo era limitado, y la carga de sexualidad inexistente, al menos en su opinión. "Me gusta morder sus nalguitas", dijo una vez, revelando así una necesidad de intimidad emocional y sexual mucho mayor de la que hubiera estado dispuesta a percibir o admitir al principio de la terapia.

Los sustitutos de intimidad comienzan con los ositos de peluche y las frazadas de la infancia. Sustitutos posteriores incluyen la comodidad de los abrigos de piel; el contacto con estilistas, masajistas o sastres, y el cuidado físico a que da lugar una enfermedad, real o fingida. Todo esto es insano sólo en la medida en que se utiliza para dejar fuera a los individuos, aunque, como señala Desmond Morris en *Intimate Behavior* (Conducta íntima), "cualquier intimidad, por lejos que esté de ser auténtica, es mejor que la aterradora soledad de su falta absoluta".

Cuanto más son las posibilidades de sostener una intimidad de 100 por ciento, más grande es también la sombra del temor. En términos psicosexuales, el principal miedo de nuestro tiempo adopta la forma de un dragón de dos cabezas: la homofobia de los heterosexuales y la heterofobia de los homosexuales. La exclusividad de la conducta homosexual o heterosexual nos divide en dos bandos, cada uno de los cuales es incapaz de matar al dragón, al que en realidad alimenta como a una mascota monstruosa. Sólo acabaremos con el dragón cuando sumemos fuerzas, priorizando lo que nos une (la capacidad para intimar), no lo que nos separa (el miedo).

Cuando llegue, nuestro San Jorge bien podría ser un bisexual, porque, habiendo experimentado intimidad sexual tanto con hombres como con mujeres, será capaz de demostrarnos que no hay nada que temer en la intimidad emocional selectiva. Deberá ser un bisexual *sano*, con capacidad de intimar emocionalmente con personas de uno u otro sexo, sin esa capacidad, posible también en el heterosexual *y* el homosexual sanos, la intimidad sexual es limitada, por placentera que sea, y esta intimidad no basta, porque el sexo constante sin el elemento de la intimidad resulta en la desolación espiritual inherente a la promiscuidad. Esto no quiere decir que el sexo casual selectivo no sea bueno en sí mismo, pero el sexo por el sexo no basta para la intimidad completa.

Podemos tenerlo todo. Aun sin bisexualidad completa. Tom A., un conocido mío, jamás diría que es bisexual, ni sus parientes, amigos y colegas lo llamarían así, sin embargo, opera en una intimidad de 100 por ciento gracias a once años de amoroso matrimonio y a la amistad de Paul W., con quien lleva nueve de abierta comunión sentimental.

Tom tiene un intercambio emocional y sexual satisfactorio con su esposa (su unión con la cual ha producido dos hijos) y un lazo emocional satisfactorio con su mejor amigo. Tom y Paul disfrutan de su intimidad sin que en ella ocurra intercambio sexual alguno, una intimidad sin erotismo. "¿Qué pregunta es ésa?, ¡caray!", replicó riendo Tom cuando le pregunté si su relación con su amigo había llegado alguna vez a la etapa sexual. "Claro que Paul y yo podríamos acostarnos, pero no lo necesitamos, la pasamos muy bien con nuestras respectivas esposas." Luego me contó que una vez que fueron de pesca, Paul y él se masturbaron al último. Habían estado cinco días fuera de casa, y compartido todo lo demás ¿por qué habría de ir cada cual por su lado a masturbarse en los arbustos?, se sentían unidos, y se abrazaron después, antes de acostarse. Tom cree que "hay que ser muy buenos amigos para hacer eso sin juzgar al otro, que es lo que todos temen". Dice que si Paul y él alguna vez "lo hicieran", seguramente no estaría nada mal; no es algo necesario, pero tampoco "imposible".

En otra ocasión me dijo que no le interesaba tener relaciones sexuales con hombres porque no le atraen. Pero la proximidad con ellos no le preocupa; de hecho, le gusta. Cree que todo es lo mismo *si* uno ve a los demás como personas antes que como posibles parejas sexuales, admitió, sin embargo, que hacer esto le cuesta mucho trabajo con las mujeres, en especial con "las muy bien formadas; es difícil ver más allá de eso".

Tom tiene 34 años, posee una casa en los suburbios de Connecticut y es electricista sindicalizado, con buena reputación y posición. Es un hombre atractivo y jovial, cuya capacidad para dar y recibir amor le permite intimar con personas de cualquier sexo. Es afortunado, entró a la cueva del dragón; y como no tuvo miedo, no sufrió ningún daño, digo que es afortunado porque la capacidad para intimar puede tener factores neuróticos tanto como sanos. Para Tom, la intimidad no es una demostración de fuerza, ni él pertenece al tipo dependiente.

Sabemos, por ejemplo, que hay quienes se casan supuestamente por amor, cuando en realidad esconden necesidades neuróticas de poder/dependencia poco relacionadas con el amor, en este nivel, la intimidad puede ser explotada en beneficio propio, sin dar nada a cambio. Llamo a esto intimidad "interna negativa", una falta de confianza al gustar de amar y compartir con otros. Cuando hablo de intimidad, suelo referirme a algo en lo que la balanza entre dar y recibir está razonablemente equilibrada.

Aunque no es bisexual, Tom opera en un *nivel bisexual no erótico*, dado que su capacidad para intimar emocionalmente no conoce límites de género, su sensación de libertad en este nivel emocional —como lo indica el hecho de que se haya calificado con 4 (por/con ambos sexos por igual) en la variable de preferencia emocional de la COSK— contribuye enormemente a su salud psicosexual.

Un bisexual es sano no porque intime sexualmente con personas de uno u otro sexo, sino por la amplia gama de su capacidad emocional. El heterosexual y el homosexual sanos también pueden alcanzar intimidad emocional con hombres y mujeres en forma indistinta. La diferencia esencial entre el bisexual, heterosexual y homosexual sanos sólo es evidente en las preferencias y conductas sexuales individuales. Emocionalmente, los tres operan en un nivel "bisexual", lo cual quiere decir que, como Tom, no temen a la intimidad emocional con ninguno de los sexos.

En el "nivel de intimidad bisexual", hombres y mujeres son más semejantes que diferentes, lo que desde luego no quiere decir que no haya diferencias entre ellos. Para comenzar, unos y otros tratan la intimidad de diferente forma. También la cultura es importante, porque determina el modo de comunicación entre hombres y mujeres, lo mismo que entre hombres con hombres y entre mujeres con mujeres, y estos modos de comunicación afectan el tipo de intimidad alcanzada.

La interacción entre dos personas puede ser de dos tipos: *simétrica* y *complementaria*. En el caso de la interacción simétrica, cada miembro de la pareja refleja las acciones del otro, este tipo de interacción se basa en la igualdad y la minimización de diferencias, un ejemplo serían dos personas de cualquier sexo y buenas para cocinar que intentan superarse una a otra en la preparación de una comida. La interacción complementaria maximiza las diferencias, para satisfacción de ambas partes. Si, por ejemplo, el esposo toma las decisiones y la esposa las ejecuta, siendo él enérgico y ella sumisa, tiene lugar la interacción complementaria. Ambos tipos de interacción son necesarios para una relación fructífera, la cual necesita tanto de conducta competitiva (simétrica) como de conducta de superioridad e inferioridad (complementaria).

En las relaciones entre hombres y mujeres, nuestra sociedad subraya el modo de conducta complementario. Hasta hace poco, casi no se hacía énfasis en el aspecto competitivo de la relación hombre-mujer, de hecho, en muchas áreas se le prohibía. Para una satisfactoria vida en común, se creía que un hombre y una mujer sólo debían complementarse entre sí, esto significaba a menudo que la mujer ocultara su ímpetu competitivo, para no toparse de frente con el hombre. Hoy la mayoría de la gente comprende que una buena relación requiere que la mujer también compita, en simetría, con el hombre.

En la amistad entre hombres y entre mujeres, el tipo de intimidad que suele permitirse es la simétrica. Se permite poca interacción complementaria porque ésta tiende a implicar la formación de parejas, lo que supone a su vez intimidad sexual, pero como intimidad emocional y sexual son diferentes, dos amigos o amigas podrían, si así lo deciden, complementarse entre sí, sin la menor insinuación de intimidad sexual. El equilibrio entre los tipos simétrico/complementario de interacción depende de la química de las personas involucradas, ya sean hombre-mujer, hombre-hombre o mujer-mujer. La competencia, sin embargo, posee poco matiz sexual, por eso muchos amigos se apoyan en ella para obtener un nivel de intimidad apropiado, pero el "nivel de intimidad bisexual" permite ambos tipos, y en los dos es posible alcanzar la cercanía trascendente propia de la intimidad emocional de 100 por ciento.

Chapter 4

Sexualidad y complejo de Edipo: Una nueva perspectiva

Es una mañana de principios de junio, un hombre se para en una esquina en el Upper East Side de Manhattan a esperar que cambie la luz del semáforo, hace calor, aunque no demasiado, el hombre viste un traje ligero y lleva un portafolio, quizá es abogado. Ciertamente da la impresión de ser un estadunidense normal de camino hacia un trabajo estadunidense normal, su normalidad es confirmada por el obvio placer con que mira a las mujeres que pasan a su lado. Mientras espera, las observa discretamente, deleitándose en las fantasías ofrecidas por este par de piernas, ese cabello largo, aquellos senos. Las mujeres no hacen mucho caso a lo que hace, después de todo, ése es el comportamiento masculino normal. Algunos objetos de su admiración sonríen, sintiéndose a salvo por su caballerosa apariencia y el contexto público. Un policía lo observa desde la acera opuesta, un taxista se acerca a paso lento, tomándolo por un posible pasajero. Podría asegurarse que una docena de personas reparan en él antes de seguir su marcha, pero si lo hubieran visto flirtear con otro hombre de negocios al bajar la banqueta, es dudoso que hubiera bastado con aquella mirada, ese hecho habría causado confusión y probable condena, aunque no a causa de sus implicaciones homosexuales, sino de que, segundos antes, uno de esos hombres había estado "viendo mujeres" en forma totalmente normal.

Una de las razones de esa confusión es obvia. Las teorías del desarrollo sexual normal no suelen dar cuenta del bisexual sano, para entender mejor esto, hagamos un repaso del mito de Edipo, la piedra angular de la teoría clásica del desarrollo sexual, ¿podría ser, por casualidad, que hasta ahora la hayamos usado para protegernos de más verdad de la que podemos manejar?

El mito de Edipo, tal como nos ha sido transmitido desde la

39

antigüedad, dice así: Edipo es criado por padres adoptivos. Al huir de Corinto para evitar la horrible predicción del oráculo de que él matará a su padre y se casará con su madre, da muerte a un anciano. Al llegar a Tebas resuelve el misterio de la esfinge y se le corona rey. La reina Yocasta le es entregada por esposa, y tienen cuatro hijos. La tragedia ocurre cuando Edipo descubre que el anciano al que mató era el rey Layo, su padre, y que Yocasta, su esposa, en realidad es su madre. Presa de horror y repugnancia, se saca los ojos. Yocasta se suicida.

Este mito brindó a Freud el paradigma del complejo de Edipo, etapa por la que todos los niños varones de cinco años de edad atraviesan en el curso de su desarrollo normal. El niño, que desea a su madre, quiere matar a su padre, su rival en el amor de la madre. El poder de estas dos fuerzas —deseo de muerte por el padre, deseo sexual incestuoso por la madre— provoca un miedo enorme, que implica perder el amor de los padres bajo la forma de castigo, castración e incluso la muerte.

Para resolver este complejo en forma normal, la teoría clásica —establecida inicialmente por Freud— sostiene que el niño debe renunciar a su madre como objeto sexual, hace esto reprimiendo sus deseos sexuales por ella y transfiriéndolos a otras mujeres, así convertidas en objetos sexuales, al mismo tiempo, reprime sus deseos hostiles contra su padre, con quien, por el contrario, se identifica como hombre. Ésta es la resolución normal del complejo de Edipo positivo.

Además de éste, también existe un complejo de Edipo negativo, en él, el niño quiere ser amado por el padre y remplazar a la madre como objeto sexual preferido del padre, esto causa hostiles sentimientos de rivalidad por la madre, también en este caso, los deseos del niño engendran grandes temores que implican pérdida del amor de los padres, miedo a la castración y muerte. La resolución normal demanda de nueva cuenta transferir el deseo sexual hacia otras mujeres e identificarse con el padre (no con la madre). La resolución satisfactoria depende de la fuerza innata relativa de las disposiciones masculina y femenina en el niño.

También las niñas tienen un complejo de Edipo positivo y negativo, pero para ellas esto es más complicado, tienen que transferir su amor del objeto original, la madre, hacia su padre, luego deben reprimir ese amor y transferirlo de nuevo, esta vez a otros hombres, al mismo tiempo que se identifican con su madre.

La explicación clásica del complejo de Edipo no considera su resolución normal satisfactoria en el homosexual y el bisexual. El primero está supuestamente fijo en un nivel preedípico, se piensa que la homosexualidad resulta de la intimidación durante la sexualidad infantil, lo que deriva en miedo al objeto heterosexual normal. Aunque se admite que el homosexual puede funcionar en el nivel ordinario igual que el heterosexual, la visión ortodoxa clásica sostiene que toda resolución, menos la heterosexual "normal", se debe a una identificación incompleta con el sexo propio. El homosexual, entonces, combina las características de ambos sexos y no ha resuelto adecuadamente el complejo de Edipo.

Escribió Freud: "En todos nosotros, la libido oscila normalmente durante la vida entre objetos masculinos y femeninos." Y en 1922 Wilhelm Stekel, discípulo y asistente de Freud, añadió que "todas las personas son originalmente bisexuales en su predisposición. No hay excepción a esta regla. Las personas normales exhiben un claro periodo bisexual hasta la pubertad. El heterosexual reprime entonces su homosexualidad. Sublima asimismo una parte de sus impulsos homosexuales en la amistad, el nacionalismo, las obras sociales, reuniones, etc.… Si lo que se reprime es la heterosexualidad, entonces la homosexualidad pasa a primer plano". En otras palabras, pocos niegan que la bisexualidad esté presente en la constitución innata de cada ser humano; pero justo por las mismas razones que se dieron respecto al homosexual, la teoría ortodoxa no considera una resolución bisexual satisfactoria del complejo de Edipo.

La visión clásica no explica al homosexual ni al bisexual sanos, y es imprecisa también en relación con las mujeres. La mujer "hetero" halla cierto refugio en la teoría, pero ésta no da cabida al homosexual y al bisexual.

Propongo una nueva perspectiva del complejo de Edipo, como sigue.

Para resolver satisfactoriamente el complejo de Edipo positivo o negativo, la criatura debe renunciar a sus deseos sexuales por ambos padres, debe reprimir esos deseos y sustituir a sus padres por otras personas como objetos sexuales preferidos, esta transferencia de los deseos sexuales del infante hacia otras personas elimina el miedo a perder el amor de los padres, el miedo a un castigo por parte del padre rival y el miedo a la castración y la muerte.

La autoidentificación como hombre o mujer por el niño o niña no tiene nada que ver con el complejo de Edipo. El proceso de la identificación ocurre aparte y empieza en una edad muy anterior a aquella en la que se inicia el complejo de Edipo. Principia al nacer, el bebé recibe un trato distinto a la bebé, no sólo de sus padres, sino también del entorno, de cada uno se demandan roles diferentes. Cuando la criatura empieza a hablar, ya tiene una identidad de género.

El heterosexual sano ha reprimido sus deseos sexuales por ambos padres. Pero tiene que ejercer más represión para resolver satisfactoriamente el complejo de Edipo negativo que el positivo: en cuanto al primero, debe reprimir el deseo sexual por un género completo, su propio sexo. El niño no puede transferir a otros hombres sus deseos sexuales por su padre, ni la niña a otras mujeres los suyos por su madre, sin embargo, uno y otra pueden amar a alguien de su mismo sexo en un nivel no erótico.

El homosexual sano también ha reprimido sus deseos sexuales por ambos padres, pero necesita más represión para resolver el complejo de Edipo positivo. El género reprimido es en este caso el sexo opuesto; el niño no puede transferir a otras mujeres su amor sexual por su madre, ni la niña a otros hombres el suyo por su padre, también el homosexual puede expresar y sentir amor por personas del sexo opuesto en un nivel no erótico.

Para que el y la bisexual sanos puedan resolver adecuadamente el complejo de Edipo positivo y negativo, es necesario que repriman sus deseos sexuales por ambos padres. Lo que en este caso no se reprime es el desplazamiento de esos deseos a personas de los dos géneros como objetos sexuales.

El grado de represión en las tres condiciones —bisexualidad, heterosexualidad y homosexualidad— es inducido por el entorno. Abram Kardiner lo explica de esta manera:

> Toda persona está provista de un aparato genital inherente para la excitación y secreción sexual, y desde este punto de vista el impulso sexual puede considerarse innato, pero no podemos decir, porque no lo sabemos, hasta qué punto existe en el hombre una necesidad innata de un objeto sexual en general o de un objeto sexual de un género particular. Lo que sí sabemos

es que la elección particular del objeto está marcadamente influida por la relación cada vez más dependiente del hijo con sus padres, en este sentido, la elección última de objeto es un patrón de conducta adquirido.

Hasta hace poco, el ostracismo por violar el estándar heterosexual por efecto de la actividad homosexual era la norma. Hoy, las barreras se han reducido un poco. Gays y lesbianas marchan ahora por la Quinta Avenida una tarde de domingo, igual que los irlandeses, los puertorriqueños y los veteranos de guerra, más aún, la American Psychiatric Association retiró la homosexualidad de su lista de enfermedades mentales (aunque sigue considerando como trastorno cualquier orientación sexual que cause angustia marcada y persistente).

La barrera contra los bisexuales, en cambio, sigue en pie. Lo mismo heterosexuales que homosexuales los ven con recelo, como partidarios no muy convencidos, leales *al otro* grupo, me parece irónico que sea así. Los bisexuales son quienes menos se han reprimido, pueden reaccionar a hombres y mujeres en un plano erótico, y amar también a personas de uno u otro sexo en un plano emocional.

El hombre en la esquina es verdadero, es una terca realidad, que vive bajo el mismo sol que usted y yo, no va a desaparecer. En el curso de mi vida he conocido a muchos bisexuales, hombres y mujeres, algunos han sido mis pacientes, por interés de mejorar su relación emocional con otras personas (igual que algunos pacientes hetero y homosexuales), otros han sido amigos míos y otros más han sido simples conocidos. Paul es un conocido que pasó a ser amigo, aunque no somos tan íntimos como para que yo no pueda describirlo objetivamente. La falta de represión en Paul para elegir parejas de cualquier sexo lo ha llevado a una resolución bisexual normal del complejo de Edipo.

Paul es un hombre bien parecido en la mitad de su cuarentena, de un metro ochenta de estatura, esbelto, bien afeitado y con una oscura intensidad en los ojos. Aunque es amable, una suerte de humor negro irlandés acecha detrás de su mirada, refrenado por una inteligencia aguda. Estadunidense de primera generación, llevaba apenas seis meses en el vientre de su madre cuando su padre se marchó, para terminar en la cárcel. Era el año de 1932, la Gran Depresión estaba en su apogeo, y la madre de Paul ganaba siete dólares a la semana como sirvienta y cocinera de la adinerada familia Hamilton, de Boston. A Paul se le conocería durante los 19 años siguientes como "el hijo de Nellie".

Paul me contó su historia en una serie de entrevistas grabadas (cuatro en total) a lo largo de un periodo de tres semanas. Le pregunté si recordaba algo de su vida entre los uno y seis años de edad.

"Sí. Por fortuna y por desgracia. Recuerdo todo desde los dos años y medio. Al principio, mi madre no podía tenerme a su lado —tenía que trabajar—, así que me dejó con una buena familia irlandesa de clase media baja, veía a mi madre sólo los jueves, su día libre, y durante varios años tuve dos madres, una que venía todos los jueves y 'mamá' Kelly, que era realmente una persona maravillosa. Ella tenía dos hijos adolescentes, pero supongo que le gustaba tener un bebé en casa. Yo le decía 'madre' a mi madre y 'mamá' a mi mamá, y quería mucho a las dos, aunque de diferente manera, es decir, quería muchísimo a mi mamá, mientras que a mi madre la quería como se quiere a alguien leal en quien se puede confiar. Cuando tenía seis años, mi madre se arregló con la señora rica con la que trabajaba para que yo pudiera quedarme con ella cada verano en Cape Cod".

—¿La señora Kelly estaba casada? —pregunté.

—Sí. Yo llamaba papá a su esposo, pero no recuerdo nada de él, salvo que era tranquilo y amable y leía mucho el periódico, debe haber sido un buen hombre, porque nunca sentí malas vibraciones de su parte. Él y mi mamá eran muy unidos, pero francamente no lo recuerdo en absoluto, excepto que sé que estaba ahí.

—¿Hubo alguna figura masculina importante para ti en tus años de formación?

—Sí, hubo una, pero fue más un símbolo que un ser humano de carne y hueso, aunque un símbolo muy fuerte. Era hijo de mamá Kelly, de su anterior matrimonio, llegó a vivir un tiempo con ella cuando yo tenía cinco años, y nos hicimos muy amigos. Él ha de haber tenido veinticinco años, tal vez más, pero no mucho, tenía un auto deportivo rojo, y me llevaba consigo a todos lados. A veces lo acompañaba alguna chica, y yo viajaba en medio. Se llamaba Steven. Me llevó a cortar el pelo por primera vez.

—¿Podría decirse que lo querías?

—Lo adoraba, no sé si lo quería, pero lo adoraba como un niño adora a un héroe del cine o a un beisbolista, quería ser como él pero de pronto se fue, a Nueva York. Se volvió cantante en la radio, y yo oía su programa cada semana.

—¿Fuiste feliz de niño?

—Esos primeros cinco, seis años fueron espléndidos, y después, bueno, me mandaron a la escuela, nada de kínder ni jardín de niños, sino directo a primer año. Una escuela católica, monjas como maestras y, ¡vaya!, por primera vez me topé con mujeres horribles. Nadie me había pegado nunca de verdad hasta que entré a la escuela, era gente de lo más enferma. Yo lloraba todos los días; vivía con miedo al cinturón y la regla, y reprobé el primer año.

Los veranos eran un refugio de la escuela, y Cape Cod era muy bonito, excepto que yo era 'el hijo de Nellie' en un medio blanco, anglosajón y protestante, sin embargo, la señora Hamilton se volvió una especie de madre de clóset para mí. Tenía tres hijos, pero me llevaba de compras. Ella me agradaba mucho, era terriblemente esnob, pero fue la primera en llevarme a una biblioteca pública, me enseñó música y me introdujo en una cultura que de otra manera yo nunca habría visto ni sentido. Aprendí a quererla de otra forma, muy romántica y yo también le agradaba, pero era muy triste cuando había fiestas y picnics, y yo no podía ir, porque era el hijo de la sirvienta. Podía jugar con los niños durante la semana, e incluso pasear por la sala; pero cuando el señor Hamilton llegaba, los fines de semana, tenía que quedarme en los cuartos de servicio o en la cocina. Sólo lo vi media docena de veces en siete años, pero, ¡caray!, era imponente.

—¿Lo odiabas o sencillamente no te caía bien?

—Creo que lo odiaba, aunque "odio" es una palabra muy fuerte, pero era algo más que caerme mal, en realidad no lo conocí nunca. Sus hijos no lo soportaban, creo que lo odiaban, era de ese tipo de caballeros victorianos que ponían nervioso a todo mundo.

Pero, bueno, en Cape Cod jamás me sentí en mi elemento. Después del segundo verano, mi madre me metió a un internado, sin previo aviso. De repente, ese septiembre no regresé con mamá Kelly, sino que fui a dar a aquella escuela católica, con religiosos como maestros esta vez, que resultaron peores que las monjas. Nunca volví a ver a mi mamá, suspiré por ella años enteros, casi enloquecí ese primer año. Mi madre admitió tiempo después que tenía miedo de que mi mamá me arrebatara de sus brazos, por eso hizo aquello.

Ella tenía cuarenta y un años cuando yo nací y bueno, no se le puede culpar. Yo era todo lo que ella tenía, hizo todo lo que pudo por mí considerando la situación, pero eso me dolió y aborrecí el internado. Los religiosos eran brutales, y la mayoría de los chicos venían de familias desintegradas y estaban un poco locos. Había mucha violencia, deportes, peleas, constantes golpes, empujones, refriegas y gritos, conflictos interminables entre los religiosos y los chicos, y entre los mismos muchachos. Realmente espantoso, estuve ahí ocho años. La Navidad, el día de Acción de Gracias y la Pascua los pasaba con mi madre en la casa de los Hamilton en Boston, y los veranos en Cape Cod. Vivía en dos mundos muy diferentes al mismo tiempo. No encajaba en la escuela, porque en realidad no era un chico de clase media baja, ni encajaba en Cape Cod, porque tampoco era un chico de clase alta.

—¿Qué eras entonces?

—Una especie de híbrido, supongo, digo, no quería ser ni una cosa ni la otra. Los chicos de Cape estaban más confundidos que los del internado, no había amor en ellos, aunque creo que yo los prefería como amigos, porque al menos con ellos se podía entrar de vez en cuando en el área de las ideas. Como puedes ver, no tuve problemas para amar y que me amaran. Siempre he tenido uno o varios amigos íntimos, y una mujer para amar y ser amado. Tuve amigos en el internado, Bobby O'Hearn fue mi mejor amigo, lo quise mucho. Después quise a Joan, la hija de la señora Hamilton, éramos de la misma edad, y me enamoré locamente de ella de los nueve a los quince años, ella también me quería, pero yo era "el hijo de Nellie", y ésa era una gran separación.

—¿Tuviste relaciones sexuales con Joan?

—No, no tuve relaciones sexuales con nadie hasta los veintidós años. Empecé a masturbarme a los once, y lo hice durante toda mi adolescencia y hasta poco después de cumplidos los veinte.

—¿Qué fantaseabas al masturbarte?

—Mujeres. A veces usaba revistas, pero principalmente pensaba sólo en mujeres, eran todo un misterio para mí. Cuando por fin tuve relaciones sexuales, a los veintidós, fue perfecto. Dos semanas de hacer el amor sin parar. No le dije a ella que era mi primera vez, se lo dije más tarde, ella tenía mucha experiencia, pero yo no me quedé atrás. Recuerdo que antes de entrar en ella por primera vez, me dije justo cuando sentí que entraba: "No voy a ser cura." Fue fabuloso, realmente fabuloso.

—¿Habías tenido novias en la preparatoria?

—¡Desde luego que sí!, en la preparatoria y en la Fuerza Aérea. Deserté de la prepa y entré al ejército a los diecinueve años. Manoseaba a las chicas. De los quince a los veintidós, manoseaba y me masturbaba, claro que no al mismo tiempo.

—¿Para entonces habías tenido alguna experiencia homosexual?

—No, a menos que se cuente la ocasión con un chico Bill cuando él y yo teníamos doce años. Nos escondimos juntos en un clóset, jugábamos algo, y tuve una erección, le pedí que me la mamara, aunque no creo habérselo dicho con esas palabras.

—¿Y lo hizo?

—No, pero creo que hubiera querido, y a mí también me habría gustado hacérselo.

—¿Seguiste acostándote con mujeres después de los veintidós?

—Sí, claro. Conocí a Nancy. Yo trabajaba en el campo de los libros para coleccionistas, me iba muy bien como freelance. La señora Hamilton influyó en mí en este sentido, tenía una biblioteca magnífica. Y bueno, Nancy y yo nos casamos, la bebé llegó un año después.

—¿Cómo era el sexo con Nancy?

—Pasaron cinco años para que fuera bueno, y diez para que fuera muy bueno. Ahora, después de dieciocho años, está por arriba de C+. En los últimos cinco años, siempre que hacemos el amor nos venimos juntos. Para mí, ella es muy sexy, en un sentido gótico y nos queremos mucho. Trabaja en una escuela privada, y yo como freelance, nunca hemos tenido mucho dinero, pero vivimos bien, y nuestra hija, que ya tiene diecisiete, es una bella persona, y tan buena amiga nuestra como nosotros de ella. Somos felices los tres.

—¿Le has sido "fiel" a Nancy?

—No, he tenido cuatro o cinco romances, dos de ellos importantes. Uno duró cuatro años, quise mucho a esta mujer, era diferente a Nancy, grande, cálida, terrenal. El sexo con ella está más allá de toda descripción. Me metí cuatro años en la situación de mi madre/mamá Kelly, y resolví mucho con eso. Nancy lo supo. Ella también ha tenido romances, aunque no creo que tan intensos como los míos.

—¿El tuyo es un matrimonio abierto?

—No en el sentido moderno, nos decimos todo uno a otro, pero buscamos el momento oportuno para hacerlo. Nunca le he dado a nadie, sea hombre o mujer, la parte de mí que le pertenece a Nancy. Es como amar a alguien a quien no le gusta el helado y a ti sí, bueno, no hay problema, encuentras a alguien a quien sí le gusta y compartes eso con esa persona en vez de volver loca a tu pareja acusándola de no compartir todo contigo, no es posible compartir todo con una persona, pero puedes participarle tu experiencia si buscas el momento adecuado.

—¿Has tenido amistad íntima con hombres?

—Sí. Una vez, duró catorce años, nos queríamos como amigos. Jim y yo éramos todo lo íntimos que pueden ser dos individuos sin ser amantes. Sexualmente, fue una relación muy hetero.

—¿Cuándo tuviste tu primera experiencia sexual con un hombre?

—A los treinta años. Nancy salió de la ciudad un fin de semana de verano con la bebé, que entonces tenía cinco años, supongo que me sentía solo, fui a dar un paseo por la ciudad, y un tipo me ligó y fuimos a su departamento. Ya antes otros hombres habían intentado ligarme, pero yo no había mostrado interés.

—¿Por qué te fuiste con ése?

—Fue amable, y me gustaron sus ojos, eran alegres y supongo que yo estaba bien dispuesto y me sentía bastante solo. Su departamento era bonito, de muy buen gusto, eso también ayudó. Me convidó un trago, dos, luego me dijo francamente que me la quería mamar y lo hizo. Fue delicioso, él lo hacía tan bien y con tanta delicadeza que me quedé toda la noche. Me la mamó seis veces.

—¿Tú no hiciste nada?

—Sólo reaccionar ¡y vaya que lo hice!, bueno, eso fue al principio. Le llamaba una vez a la semana y él me la mamaba, y nos quedábamos platicando desnudos, era agradable, nunca antes había estado desnudo y relajado con un hombre. Y me dijo cosas sobre mi cuerpo que jamás le había oído a una mujer, como que tenía bonitas piernas, y las tengo, pero las mujeres no le dicen a un hombre esas cosas. Yo sí se las digo a ellas, por ejemplo, Nancy tiene un cuello hermoso, un trasero muy sexy y un coño perfecto, y se lo digo, mucho, así como les he dicho a otras mujeres lo que pienso de su cuerpo. Esa chica a la que amé cuatro años olía riquísimo y tenía unas tetas prodigiosas, y se lo dije, pero a ella nunca se le ocurrió decirme, por ejemplo, que tenía una verga bonita. Si no fuera por los hombres, nunca habría sabido que tengo una verga bien formada, esto no parece importante, pero lo es.

Durante tres años pasé por varios hombres que querían mamármela. Entonces conocí a un chavo de veintidós, me ligó en la calle, fuimos a su departamento y terminamos haciendo el sesenta y nueve.

—¿Te gustó?

—Tardé un rato, pero ahora me gusta mucho. Mamársela a un hombre que te gusta física o emocionalmente es muy excitante. Ahora puedo clavarme mucho en eso.

—¿Alguna vez has amado a un hombre?

—Sí, amé a Jim como a un hermano, amigo, compañero, un amante sin sexo. Sexualmente, una vez intimé mucho con un muchacho al que conocí hace un año, sentí algo con él que sólo había sentido con una mujer, no puedo explicarlo, pero el caso es que se fue a Europa, por motivos de trabajo. Si hubiéramos tenido más tiempo, creo que habría podido amarlo, no conocí su forma de pensar. Intento enamorarme de personas inteligentes, y hasta la fecha no sé si su mente era tan buena como su cuerpo. Pero los hombres no me excitan tanto como las mujeres, o tal vez debería decir que no me excitan de la misma forma. Puedo volverme uno con una mujer si las cosas van bien entre nosotros, pero nunca me he vuelto uno con un hombre, es difícil imaginarlo, de hecho. El sexo con una mujer es especial para mí. Con un hombre es maravilloso, pero por alguna razón no es especial, quizá porque es tan fácil de obtener, y yo soy hombre con cuerpo de hombre y no hay ningún misterio ahí. Para mí las mujeres son muy misteriosas, y esto me parece especial, nunca soy más feliz que cuando estoy con una mujer a la que amo, sólo los dos pasándola bien, pero quizá no he conocido al hombre indicado, tendría que tener una mente increíble, ser muy gentil y tener un cuerpo hermoso.

—¿Qué es para ti un cuerpo hermoso en un hombre?

—Esbelto, no muy velludo (yo lo soy) y, bueno… resulta que los hombres orientales me atraen mucho, aunque también la he pasado bien con hombres velludos, así que en realidad depende de la persona. Lo mismo puedo decir de las mujeres.

—¿Te consideras bisexual?

—Sí, pero no lo proclamo.

No le pregunté a Paul porque no lo "proclama". Yo sabía por qué. Y usted también lo sabe ya. Aunque él bien podría decir que es bisexual, otros condenarían su conducta, juzgándola neurótica. Así que vive calladamente y por lo que pude ver cuando conocí a su familia y pasé un rato con ella, son en efecto muy felices.

En la medida en que no se reprime el deseo por personas de un género completo, es posible amar eróticamente a ambos sexos. Pocos hombres y mujeres saben pronto lo que se espera de ellos. Sus rasgos y patrones de conducta son reforzados como "masculinos" y "femeninos" no únicamente por sus padres, sino también por el entorno. Una resolución satisfactoria del complejo de Edipo no incluye la identificación con el padre del mismo sexo. Ése es un proceso aparte.

Todo indica que Paul resolvió su complejo de Edipo en forma adecuada, reprimiendo sus deseos sexuales por su madre y hallando sustitutos masculinos y femeninos de sus *padres*. Como bisexual, no ha reprimido su erotismo por *hombres* ni *mujeres*.

This new look at the successful Oedipus complex resolution explains how not only the heterosexual male resolves it but also how women, bisexuals, and homosexuals do. It is simpler. It explains more. And more important, we now can understand the healthy heterosexual, homosexual, and bisexual much better.

Esta nueva perspectiva para la resolución satisfactoria del complejo de Edipo explica cómo lo resuelven no sólo los varones heterosexuales, sino también las mujeres heterosexuales, los bisexuales y los homosexuales. Es una perspectiva más simple, explica más y sobre todo, nos permite entender mucho mejor al heterosexual, al homosexual y al bisexual sanos.

La represión es indispensable para una vida sana. Cuando una señal de caminos prohíbe la vuelta a la izquierda, la obedecemos, nos guste o no, porque nuestra vida o la de nuestros vecinos depende de esa decisión, pero la represión en exceso no es útil ni necesaria. Seguir evitando esa vuelta a la izquierda cuando la señal ha sido retirada y el patrón de tránsito ha cambiado es volverse prisionero del hábito.

Reprimir los deseos incestuosos por la madre y el padre resuelve satisfactoriamente el complejo de Edipo, aun así, permanece el deseo de ser amado por ambos padres y amarlos en respuesta en un nivel no erótico, lo que permite al individuo desplazar su amor hacia otras personas. Que terminemos siendo heterosexuales, homosexuales o bisexuales sanos depende de muchos factores, pero esa salud depende a su vez de la apropiada resolución del complejo de Edipo positivo y negativo.

La historia de Paul muestra un estilo de vida del bisexual sano. ¿La heterofobia de los homosexuales y la homofobia de los heterosexuales son necesarias?, ¿la incapacidad de intimar emocionalmente con personas de uno u otro sexo no es acaso un lamentable ejemplo de represión en exceso?, ¿la posibilidad de intimar, que podría llevar o no a la sexualidad, debe rechazarse porque somos heterófobos y homófobos?, ¿la capacidad de intimar emocionalmente con personas de cualquier sexo no es por cierto un prerrequisito de una vida más plena e intensa?

PARTE II:
BISEXUALIDAD Y SALUD

Capítulo 5

El bisexual insano-
El bisexual sano

En sí misma, la bisexualidad no es buena ni mala, negra ni blanca, sana ni neurótica. Los bisexuales, en cambio, pueden ser ubicados en algún punto en el *continuum* entre sano e insano, si bien no en términos de blanco y negro.

Cuando comienza a hablarse de un tema nuevo para la conciencia de una sociedad o cultura (sobre todo si ese tema es una condición sexual), resulta fácil sacar conclusiones apresuradas de "o esto o aquello", en este caso sobre su validez psicosexual. Una de esas conclusiones es que la heterosexualidad constituye el único estado 100 por ciento puro, aun si se descubre que una cantidad desproporcionada de heterosexuales son heterosexualmente neuróticos, no se arrojarán piedras contra esa condición. La heterosexualidad no es entendida como el problema, la mayoría manda, por así decirlo, pero en algunos casos la condición heterosexual sí es el problema, sin embargo, la idea de que la modalidad heterosexual es la única virtuosa está tan arraigada en la mente de la gente que la pureza de esa vía queda sin cuestionarse, aun en los círculos más ilustrados.

Los homosexuales (lesbianas incluidas) y los bisexuales, por el contrario, se ven obligados a defender la homosexualidad y la bisexualidad *como tales*; además, de los tres grupos, sólo estos dos deben defender su condición, aun en el más alto nivel y los "mejores" ejemplos particulares, para no hablar de sus formas "inferiores".

¿Hasta qué punto la "neurosis bisexual" es lo que dicen los expertos?, antes de tratar de responder esta pregunta, debemos hacernos una más elemental: ¿qué es la neurosis?

Si existe una interrogante a la que no se haya dado tregua en el último medio siglo, ésta sería una fuerte candidata, así, con las debidas

55

disculpas, ofreceré dos puntos de vista sobre ella: una definición gener-almente aceptada y otra de la doctora Karen Horney. Se invita al lector a buscar algunas más.

De acuerdo con la doctora Horney, la neurosis es un trastorno total de la personalidad, con origen en relaciones distorsionadas padres-hijo, que se caracteriza por una distorsión en las relaciones del individuo con los demás y consigo mismo, derivada de conflictos emocionales y ansiedad, y resultante en rigidez, sufrimiento, problemas de desem-peño y, consecuentemente, una amplia discrepancia entre potencial y rendimiento.

Una definición más general, dada por el doctor Milton H. Miller en el *Comprehensive Textbook of Psychiatry* (Curso integral de psiquiatría), editado por Freedman y Kaplan, es que la neurosis es un síndrome que se caracteriza por aflicción y ansiedad psicológica y que implica una suerte de inadaptación, la cual restringe el juicio del in-dividuo, su aptitud para hacer contacto con la realidad y su capacidad para relacionarse eficazmente con otros en el entorno. Dentro de este síndrome básico hay varias reacciones psiconeuróticas: neurosis de an-siedad, neurosis fóbica, neurosis obsesiva-compulsiva, neurosis depre-siva, etcétera.

Muchos dicen que los bisexuales suelen carecer de capacidad para enamorarse de una persona; que, de hecho, la mayoría de ellos sólo experimentan afecto, no amor, creo que esta afirmación tendría más sen-tido si comenzara así: "Los bisexuales neuróticos o insanos suelen…"

El doctor Charles Socarides, psiquiatra de Nueva York, comete a mi parecer una omisión similar: "[Los bisexuales] promueven una falsa utopía sexual en la que el reino del orgasmo remplazará supuesta-mente a la casa del ego." También esta afirmación tendría más sentido si empezara de la siguiente manera: "Los bisexuales *neuróticos* prom-ueven…". Experimentemos un momento con estas palabras iniciales: "Los homosexuales neuróticos promueven…", "Los hetcrosexuales neuróticos promueven…". Funciona en las tres situaciones. El doctor Socarides arremete contra un enorme segmento de la población sobre la base de la preferencia sexual. ¿Pretende sugerir acaso que los hetero-sexuales, desde el principio de la revolución sexual, *no* han levantado altares al orgasmo a expensas del ego?, ¿o que los homosexuales no han practicado asimismo este juego condenado al fracaso?, para ser francos, ¿no es verdad que una proporción considerable de la población hetero, homo y bisexual, hombres y mujeres por igual, ejerce el sexo en forma insatisfactoria y destructiva (neurótica)?

La doctora Natalie Shainess, psicoanalista de Nueva York, aporta su pedacito de tela a la retacería de los mitos sobre la bisexualidad: "El constante rebote de un sexo a otro puede crear amistades inestables, así como una caótica vida en el hogar. Si hay hijos implicados, esto podría confundir su identidad sexual".

¿Alguien negaría eso? Ninguna persona sensata negaría que a veces se consiente el sexo casual a expensas del amor profundo, pero a lo que estos expertos se refieren es a la bisexualidad en su condición *neurótica* e insana. Yo sólo sugeriría que sus observaciones se aplican únicamente a individuos bisexuales insanos —lo mismo que a hetero y homosexuales insanos—, y no a esos grupos en su conjunto, de otra manera, retrocederíamos a las nociones paranoicas de que todos los negros son flojos, todos los irlandeses borrachos, todos los polacos tontos, todos los italianos gángsters, todos los alemanes genocidas, todos los blancos anglosajones insensibles, todos los judíos conspiradores económicos, etcétera, así de simple, así de fácil. Esto desemboca en el peligroso pensamiento grupal.

Para citar a Arthur Koestler en *The Act of Creation* (El Acto de la Creación): "Cuanto más provinciano sea mentalmente un grupo social, de jóvenes o adultos, más estricta será su concepción de lo normal, y más fácilmente ridiculizará cualquier desviación de ella." Todos tenemos en nuestra mente áreas provincianas que se alimentan de este mal en la oscuridad. Los grupos más vulnerables a esa clase de ridiculización son los que no tienen derechos culturales sobre el concepto de lo que es y no es "normal", el concepto de normalidad mismo es exclusivamente teórico, en consecuencia, cambia sin cesar, como la moda. "Normal" no es una ecuación científica o matemática fija para siempre, es sólo un conjunto de valores definidos con objeto de mantener o conseguir ventajas económicas, políticas o de otro tipo para la sociedad, o más probablemente para una *sector* de la sociedad. Cuando esos valores y las prácticas a las que pueden dar origen —la quema de brujas, la esclavización de los africanos— se vuelven obsoletos, se les cambia o abandona.

Margaret Mead dice lo siguiente de las actitudes tradicionales en un artículo titulado "Bisexuality: What's It All About?" ("¿Por Qué Tanto Alboroto por la Bisexualidad?"):

Cambiar las actitudes tradicionales ante la homosexualidad es de suyo una experiencia de ampliación de criterio para la mayoría, pero nunca eliminaremos la camisa de fuerza de nuestras opiniones culturales sobre la opción sexual si no aceptamos la ya muy documentada capacidad humana normal para amar a personas de uno u otro sexo.

Es la *calidad* del amor, no el género de los objetos de ese amor, lo que debería ser blanco de críticas. La calidad del amor de un bisexual puede ser tan alta como la de un heterosexual o un homosexual. En nuestra época, la calidad de cualquier amor puede despertar sospechas, pero no es responsabilidad de un grupo asumir toda la carga de la conducta neurótica de una sociedad.

El desempeño neurótico es el genio malévolo que cabalga en ancas de la conducta compulsiva, la actividad sexual es una de las formas más añejas de librarnos de ese genio, pero si el sexo es compulsivo, el genio no se marcha, duerme; y como ya no sentimos su cálido aliento en el cuello, experimentamos por un rato la ilusión de alivio, hasta que el genio despierta para cabalgar de nuevo. Los más propensos a este tipo de comportamiento son los generalmente aprensivos, que sin cesar deben probarse a sí mismos que no son indignos de amor y aprecio, ni inadecuados por cualquier otro motivo.

Para cumplir una fantasía, el escenario y las personas implicadas deben estar presentes. Si usted imagina una orgía consistente en comer uvas frescas de la vid con su amante, todo debe estar presente o simulado para que el sueño pueda hacerse realidad. Puesto que viven todos los días con la posibilidad de intimar sexualmente con personas de uno u otro género, los bisexuales (incluidos los insanos) tienen más parejas potenciales que los homo y los heterosexuales, por ejemplo: un agente heterosexual de coristas, si es neurótico, tiene más oportunidades de mitigar sus sentidos con una sexualidad compulsiva que, digamos, un maestro heterosexual de biología en una escuela para varones. El maestro neurótico también lo haría, si pudiera; pero como no puede hacerlo en igual medida que el agente, goza de la reputación de ser inofensivo y cuerdo. El agente, por el contrario, tiene mala fama, pese a que una sustancial proporción de agentes presumiblemente no se va a la cama con sus clientas.

El bisexual, como el agente, tiene más oportunidades de tentación. El bisexual sano, como el agente sano, las aprovecha para buscar intimidad en todos los niveles, concediendo a la sexualidad su lugar pero sin permitir que se vuelva compulsiva.

En *Neurosis and Human Growth* (Neurosis y Desarrollo Humano), la doctora Karen Horney argumenta que la sexualidad suele ponerse al servicio de necesidades neuróticas a causa del sinnúmero de inhibiciones y temores que caen en el barril sin fondo de la ansiedad inútil.

> "…Todos estos factores podrían resultar en que el paciente neurótico tenga relaciones sexuales no porque las quiera, sino porque debe complacer a su pareja, tener una señal de que se le quiere o ama, aliviar una ansiedad, demostrar su maestría y potencia, etcétera. Las relaciones sexuales, en otras palabras, están menos determinadas por sus deseos y sentimientos reales que por la intención de satisfacer necesidades compulsivas".

La flexibilidad parecería ser entonces una cualidad indiscutiblemente sana, esencial para el disfrute de la variedad de la vida, sin ella, la perspectiva y mundo interior de una persona se vuelven cada vez más reducidos, al grado mismo de la rigidez paralizante, pero la flexibilidad *sin propósito* puede preparar el terreno a la autodestrucción. Continúa la doctora Horney:

> "…Las actividades sexuales se convierten entonces en una liberación no sólo de tensiones sexuales, sino también de múltiples tensiones psíquicas no sexuales, pueden ser un vehículo para desahogar el desprecio hacia uno mismo (en actividades masoquistas) o un medio para exteriorizar el tormento personal degradando o atormentando sexualmente a otros (prácticas sádicas), son una de las vías más frecuentes para aliviar la ansiedad. Los individuos mismos ignoran esas relaciones, quizá ni siquiera sepan que se hallan bajo una tensión particular, o que tienen ansiedad, sino que meramente experimentan mayor excitación o deseo sexual… Un paciente, por ejemplo, podría estar a punto de experimentar odio por sí mismo, y ver emerger de pronto planes o fantasías de acostarse con una mujer, o podría ponerse a hablar de una debilidad en él mismo que desprecia profundamente, y tener fantasías sádicas de torturar a alguien más débil que él.

Así, el empleo que se hace de las oportunidades y la flexibilidad depende de la salud psíquica del individuo, no de su sexualidad. El odio hacia uno mismo no es más característico de un grupo de preferencias sexuales que de otro, por otro lado, en cualquier individuo con problemas o neurosis preexistentes, el odio hacia sí mismo puede aumentar —alimentarse solo— cuanto mayor sea el número de oportunidades o desfogues de conducta compulsiva que se encuentren, así como alguien con una historia de afecciones cardiacas corre más riesgo si consume una dieta rica en alimentos y bebidas con alto contenido calórico.

Un problema peculiar de algunos bisexuales insanos es la inseguridad en su identificación de género, éste suele ser el caso del hombre o mujer que no es bisexual, sino homosexual, pero que teme dejar lo que en realidad no es una atracción por el sexo opuesto, sino lealtad a una idea impuesta desde afuera y usualmente enraizada en los valores de la sociedad.

—Siento que mientras sea bisexual, encontraré mi camino de regreso —me dijo un paciente.

—¿De regreso a dónde? —pregunté.

—A la vida hetero —respondió.

Le pregunté entonces qué le parecía la opción gay.

—¡Ay, no! —insistió—, ¿qué sería entonces de mi bisexualidad?

El temor a la intimidad y a que las lastimen, impulsa a las personas a buscar seguridad en formas innumerables. Para algunas, la bisexualidad puede ser una de las armaduras más extremas elegidas con ese propósito, razonando de manera inconsciente que es más difícil atinar a un blanco móvil, siempre andan a la carrera, por así decirlo, para evitar que se les fije en una identidad sexual específica, pero al tratar de eludir la parte dolorosa de amar y ser amadas, las más de las veces hacen realidad sus peores temores.

El bisexual puede ser muy sano en sus relaciones con mujeres pero insano en su actividad sexual con hombres, o tener relaciones sanas con hombres pero ser insano en su trato con las mujeres; o bien, puede tener dificultades con ambos géneros. En el primer caso, presenta los problemas neuróticos del homosexual; en el segundo, del heterosexual, y en el tercero sus manifestaciones sexuales neuróticas son peculiares del bisexual, además, esas dificultades no necesariamente se limitan al sexo, pueden extenderse a todo tipo de contactos sociales interpersonales.

Imaginemos a un hombre felizmente casado que necesita expresar su sexualidad también con hombres, imaginemos que es un exitoso hombre de negocios que vive en una ciudad tranquila de clase media alta (Connecticut, por ejemplo) y que trabaja en una prestigiosa oficina en un rascacielos de Wall Street, este hombre tiene mucho interés en guardar las apariencias, la presión de no pasarse de la raya; de no poner en ridículo a su clase, su ciudad, su familia y, sobre todo, su compañía, le provoca una angustia enorme. Más allá de la solución que esta persona encuentre para expresar sus necesidades bisexuales, la culpa y vergüenza socialmente inducidas prácticamente garantizan que desarrollará un desempeño neurótico, pese a que pueda ser muy sana en otros aspectos. En muchos de estos casos, el esfuerzo de mantener una fachada termina siendo abrumador, este hombre se pierde en problemas impuestos por elementos fuera de su control, a menos que renuncie a lo que ha dedicado una vida para hacer. Es un bisexual insano, porque el mundo en el que busca su identidad se opone colectivamente al "extremo" psicosexual de su bisexualidad.

Imaginemos ahora a un hombre o mujer con dificultades con su cónyuge o pareja del sexo opuesto, en vez de enfrentar esas dificultades, esta persona podría recurrir al patrón de conducta propio del bisexual insano de correr a consolarse con alguien de su mismo sexo, éste es un remanente obvio de la infancia, cuando, dado que uno de los padres no satisfacía las necesidades reales o imaginarias del hijo, éste corría con el otro. Este bisexual huye de los problemas inherentes a toda relación cerrando periódicamente la puerta a un sexo y abriéndola al otro, yendo y viniendo en un interminable juego sin amor en el que nadie gana y todos pierden.

En un artículo sobre homosexualidad publicado en *The New York Times*, Robert Gould distinguió dos tipos de homosexuales neuróticos:

> Primero están los perturbados, cuya homosexualidad refleja sintomáticamente tal perturbación. Un temor u odio intenso hacia el sexo opuesto constituiría en realidad un trastorno manifestado en conducta homosexual.

> Luego describe a un segundo tipo de personas cuya neurosis no

se relaciona con la homosexualidad, En este caso, sucede simplemente que la persona neurótica también es homosexual. Esta distinción es igualmente útil para analizar los patrones de conducta neurótica del bisexual y el heterosexual.

Sí, el bisexual insano existe, y exhibe neurosis, pero el bisexual sano también existe, y florece en su bisexualidad.

¿La capacidad del bisexual para intimar con personas de uno u otro sexo crea más problemas de los que resuelve? Ciertamente, un menú con muchas opciones requiere una inteligencia más selectiva que el que brinda pocas. La necesidad de discriminar confunde sin duda a algunos (como vimos en el caso del bisexual insano), particularmente al principio. Pero la soledad es una gran igualadora. La soledad puede ser una condición tan democrática como la muerte: no respeta fronteras económicas ni sociales, resulta de la ausencia de intimidad. La incapacidad de intimar es una condición que se ha incrementado a través de los siglos, nuestra preocupación por las cosas materiales la intensifica. La salud psicosexual se beneficia de un punto de vista flexible del amor y de la intimidad. Dicha flexibilidad aligera la presión tanto sobre los objetos amorosos elegidos, como sobre quien los elige.

Nada de esto pretende ser una defensa de la variedad sexual en sí misma, lo liberador es saber que se le puede elegir, la conciencia y apertura a esa opción sexual. La bisexualidad en sí podría ser menos importante que su posibilidad: perderle el miedo. La intimidad no requiere sexualidad, la sexualidad no requiere intimidad; pero cuando se combinan, son más que la suma de sus partes. El bisexual sano, al tener el potencial de combinar sexo con intimidad tanto con hombres como con mujeres, tiene la posibilidad de un amor sexual más pleno.

Es cierto que algunos bisexuales sacan provecho de la situación y usan a personas de los dos géneros como objetos sexuales, en la medida en que lo hacen, son insanos, y su bisexualidad es insana. En su mejor expresión, el bisexual ve a posibles parejas primero como seres humanos, y luego como objetos sexuales.

A todos los bisexuales entrevistados y estudiados para este libro se les hizo la siguiente pregunta: "¿Qué te hace sentir tu bisexualidad, y la bisexualidad en general?". La respuesta fue casi unánime: "Plenitud". Sin excepción, los bisexuales sanos (y algunos insanos) hablaron de esa sensación de plenitud, de sentirse completos al constatar que el amor de hombres y mujeres está ahí, si y cuando lo necesitan. La diferencia entre el bisexual sano y el insano puede medirse en su grado de aceptación de esta capacidad como responsabilidad, tanto como una necesidad. El bisexual sano usa la libertad como un medio para crecer, para dar y recibir intimidad.

Hoy muchos bisexuales están en riesgo de elegir la heterosexualidad o la homosexualidad por el mero hecho de la presión que ejerce en ellos nuestra cultura. La bisexualidad no es considerada una posibilidad "normal" por la mayoría de los psiquiatras ortodoxos. La connotación patológica que durante siglos se le ha atribuido se ha vuelto dogma, y tiene un lugar casi sagrado en la actitud psiquiátrica tradicional. (Wilhelm Stekel, en el marco de una opinión minoritaria, discrepa: "…Puesto que nadie supera por completo sus tendencias homosexuales, todos llevan consigo la predisposición a la neurosis. Mientras más intensa es la represión, más intensa es también la reacción neurótica… En el caso del homosexual, la reprimida y no del todo superada heterosexualidad aporta la disposición a la neurosis… Estas generalizaciones indican ya que la persona sana debe actuar como un ser bisexual.")

El inseguro tiende a rechazar, el maduro a aceptar. Las etiquetas sexuales nos dividen en el conocido "nosotros" y el temido "ellos". Cualquiera que sea la etiqueta o patrón de conducta al que se ajusten nuestras inclinaciones individuales, podríamos considerar al menos la noción de abrir nuestra mente y nuestra vida a personas de todas las orientaciones sexuales.

Capítulo 6
El bisexual insano:
Perfiles

Dado que la neurosis de una persona puede ser lo mismo que salva a otra, la pregunta de ¿quién es?, ¿quién no es? o ¿quién podría ser psicosexualmente insano?, depende de la perspectiva desde donde se le vea. Un buen terapeuta trata de acercarse lo suficiente para ser útil, pero también de alejarse lo suficiente para percibir a la persona completa, intenta asimismo adoptar puntos de vista diferentes en momentos diferentes de las sesiones de terapia, para que la suma de ángulos se aproxime en forma razonable a la verdad.

Los perfiles de este capítulo constituyen una muestra de bisexuales a los que considero esencialmente insanos y con quienes trabajé de esa manera, tratando de combinar objetividad con interés y evitando un punto de vista fijo que redujera a una persona a mera instantánea.

Nora W.

Alta, de cabello negro azulado, corpulenta, con ojos cordiales y cafés, tez suave y aceitunada, Nora es sumamente atractiva.

—Comencemos por la información esencial —le sugerí en nuestra primera reunión—. ¿Qué edad tienes?, ¿dónde naciste?, ¿y dónde vives?

—Tengo treinta años, nací en Brooklyn y vivo ahí todavía.

—¿Has vivido en otro lugar?

—No, no mucho tiempo. Crecí en el Red Hook, es una sección muy italiana, yo soy italiana, de una familia muy unida… ya sabes, ¿no?, vivo en la misma calle donde crecí.

—¿En la misma casa?

—No —suspiró, como tratando de quitarse un peso de encima— a unas casas de distancia. Mi madre sigue viviendo en nuestra antigua casa. Mi padre murió cuando yo tenía trece años.

—¿Hermanos y hermanas?

—Dos hermanas, una mayor y una menor.

—¿Viven cerca?

—La mayor sí, está casada, tiene familia, viven frente a nuestra antigua casa. La menor está en la escuela, en Vermont, no viene mucho.

—¿Y tú?, ¿fuiste a la universidad?

—No, nunca fui del tipo estudiante, si entiendes a lo que me refiero, me iba bien en la escuela y me gustaba, pero cuando salí de la preparatoria me sentí harta… no sé…sencillamente ya no quería más, de todas formas, me embaracé.

—¿Qué edad tenías?

—¿Cuando me embaracé?

—Sí.

—Dieciocho, dieciocho apenas.

—¿Lo supo tu madre?, ¿tus hermanas?

—¡Ay, sí! A mi mamá le dio el ataque, a todo mundo. Mi familia es muy arrebatada en sus emociones, muy religiosa, así es toda la colonia, de los que siguen creyendo que tienes que llegar virgen al matrimonio y todo eso. Estuve a punto de huir para que nadie se enterara, pero… —dos líneas de tensión se forman entre sus cejas— no tenía adónde ir. El hecho es que terminó por saberse, y mi mamá me dijo que si mi papá viviera me mataría. Aunque lo más probable es que hubiese matado a Bill.

—¿Bill era el padre?

—Sí.

—¿Cuántas veces te acostaste con él antes de embarazarte?

—Nunca me acosté con él antes de casarnos, lo hacíamos en coches y otros lugares, habrán sido…no sé, diez veces.

—¿Con Bill fue tu primera vez?

—Sí.

—¿Y te casaste con él?

—Bueno, estaba embarazada.

—¿Qué clase de persona era tu esposo?

—Trece años mayor que yo. Era mecánico automotriz, y la gente decía que era bueno en eso, pero tomaba mucho. Aunque nunca estábamos juntos, me embaracé de nuevo, el primero fue niño y la segunda niña. Bill jamás fue al hospital cuando nació la niña. Estaba borracho.

—¿Qué sentiste?

—No sé, estaba confundida, porque él me pegaba a veces, y cuando regresé a casa volvió a hacerlo y fue horrible. Llevábamos ocho años de casados, e intenté suicidarme.

—¿Cómo?

—Con pastillas para dormir, pero mi mamá me descubrió, y entonces me divorcié. Bill se fue, y desde entonces nadie ha vuelto a verlo, aunque me manda dinero, el suficiente para que no lo acuse de que no aporta nada.

—¿Qué edad tienen tus hijos ahora?

—Catorce y dieciséis.

—Dijiste que Bill fue el primero. ¿Cómo era el sexo con él?

—Duro, así le gustaba, le agradaba pegarme.

—¿Y a ti gustaba?

—A veces, me sentía tan sola que el solo hecho de estar con alguien… ya sabes.

—¿Tuviste sexo con alguien más mientras estuviste casada con Bill?

—¡Ay, no!, nunca.

—¿Por qué?

—Estaba casada, en la casa. Estaba casada y con mi mamá viviendo en la misma calle, imposible.

—¿Pensabas en otros hombres?

—No.

—¿Quisiste a Bill?

—Tal vez lo habría querido si él no hubiera bebido tanto, pero no, no creo haberlo querido.

—¿Cómo fue tu vida después del divorcio? Tu vida sexual, quiero decir.

—Al principio no hubo mucho, porque estaba superando lo de Bill y todo eso, pero luego empecé a salir con hombres.

—¿Y cómo te iba?

—Muy bien, salvo que me congelaba por completo cuando querían hacerlo.

—¿Y lo hacías?

—Lo hice algunas veces, pero nunca sentí nada.

—¿Te sigue pasando?

—Tengo más de un año de no acostarme ni hacer nada con un hombre. Hace unos meses fui a un resort por Navidad y conocí a un hombre que medio me gustó, pero nosotros, o yo... no sé, sencillamente nunca pasó nada.

—¿Te gustan los hombres sexualmente?

—Sí, sólo que me cuesta trabajo relajarme.

—¿Te masturbas?

—No mucho.

—¿En qué piensas cuando lo haces?

—En cuerpos.

—¿Qué tipo de cuerpos?

—Como el mío, cuerpos de mujeres, no sé.

—¿Alguna vez piensas en hombres?

—Sí...o sea, también pienso en que lo hago con un hombre, pero... no sé. A veces no pienso en nada.

—¿Es difícil no tener a alguien con quien hacer el amor?

—Sí tengo a alguien, a Rita.

—Háblame de Rita.

—Es mi mejor amiga, la conozco desde hace ocho años. Es muy fuerte, no musculosa y eso, sino fuerte con sus hijos y su esposo. En su casa ella es la que manda, nadie le dice nada. Somos casi de la misma edad, yo soy un año mayor.

—¿Son amantes?

—Podría decirse que sí, bueno, ella me quiere. Empezó a insinuárseme hace dos años, hasta que me convenció de que me acostara con ella.

—¿Ella te convenció?

—Bueno, sí, yo no quería, pero a Rita es difícil decirle que no, consigue todo lo que quiere.

—¿Qué tan seguido tienes relaciones sexuales con Rita?

—Cuando ella quiere. Una vez por semana, más o menos.

—¿Y te gusta?

—A veces, me gusta mientras lo hacemos, pero después me siento confundida, culpable, como si no debiera haberlo hecho.

—¿Y por qué lo haces?

—Porque temo que si no, Rita… ya no regresaría.

—¿Te dejaría?

—Algo así.

—¿Podrías vivir sin ella?

—No lo creo, ella… escoge mi ropa, me lleva a todos los lugares a los que debo ir. Le tengo miedo a los trenes, me da miedo viajar sola, aun si es sólo ir y venir del súper, supongo que no sé cuidarme sola. No sé qué haría sin Rita.

—¿Te consideras dependiente?

—Supongo que sí, como me dijo una vez mi hermana, la menor: todo iba bien si Bill me decía lo que tenía que hacer, así que, según ella, soy demasiado dependiente. Entre más rudo era Bill conmigo, más me excitaba. Un hombre amable como que no me atrae. Mi hermana me dijo que soy masoquista, ¿es así como le dicen?

—¿Rita es ruda contigo?

—¿Sexualmente?

—Sí.

—Mucho, supongo.

—¿Y eso te gusta?

—Me excita que a ella le excite tanto, la necesito. Me deprimo mucho, y Rita me reanima.

—¿Te consideras bisexual?

—Rita dice que lo soy.

—¿Y tú qué piensas?

—Supongo que sí.

—¿Te interesan otras mujeres?

—Cada vez más, pero no lo he hecho con otras, hace que me sienta culpable.

—¿Y con los hombres?, ¿te sientes culpable con ellos?

—Sí, aunque de otra manera, parece más natural, pero no sé, el sexo siempre me ha hecho sentir un poco mal después.

La historia de Nora tiene un final relativamente feliz. Gracias a la terapia se volvió más firme, más consciente de sus necesidades y menos dependiente de los deseos e insanas necesidades de otros.

Antes de la terapia se había convertido en un ser humano insano cuya bisexualidad era una forma más de reforzar su tendencia al masoquismo y la dependencia. Con un pésimo concepto de sí misma, usaba su bisexualidad para castigarse doblemente por querer sexo siquiera, en cualquiera de sus formas. Sus parejas, hombres y mujeres, la llevaban al sexo como si ella no tuviera voluntad propia. Nora es bisexual, pero no podía manejar la complejidad y ambigüedad de su sexualidad; yo supuse que, considerando sus valores, ella estaría mejor con un hombre, aunque tierno y comprensivo, ahora vive en una ciudad del sur de Estados Unidos, con un hombre tranquilo que la ama. Con el tiempo, si adquiere más seguridad en sí misma, podría estar lista para una relación con una mujer. En nuestra correspondencia desde el final de la terapia, ella dice que aunque le siguen atrayendo las mujeres, le es fiel al hombre que se convirtió en su segundo esposo.

Walter D.

Conocí a Walter en una reunión del Bisexual Forum en Nueva York. Los miembros de este foro se reunían una vez a la semana, de fines de la década de los setenta y a principios de la de los ochenta, para hablar de bisexualidad y convivir con otros bisexuales. Luego de dar una charla sobre el tema de la disfunción y orientación sexual, invité al público a hacer preguntas.

"¿Cree usted que el tamaño del pene tenga algo que ver con la aptitud de un hombre como amante?", preguntó un señor alto que se identificó como Walter D., de Nueva Orleans, Louisiana.

El público protestó, no me pareció que su reprobación fuera descortés. Esa pregunta se ha hecho y respondido tantas veces que oírla de nuevo fue más de lo que los ahí reunidos podían soportar. Pero aun así es una buena pregunta. La respuesta "No importa", sólo es cierta en la medida en que el tamaño del pene no importe a los involucrados en un encuentro sexual, pero esa cuestión puede afectar el desempeño sexual si se le permite hacerlo: la mente es la zona erógena más sensible de todas.

Antes de que yo pudiera contestar, una joven se levantó y dijo que aunque el pene de su novio era el más pequeño que ella hubiera visto jamás, sabía "mover el culo de lo lindo".

Todos estallaron en carcajadas, y la reunión terminó. Más tarde, a la hora del queso y el vino, Walter se disculpó por su pregunta, le dije que no tenía por qué disculparse y que tenía derecho a hacer todas las preguntas que se le ocurrieran.

"Oye", me dijo, "no quisiera comenzar una terapia en este momento, porque dentro de un mes regresaré a Louisiana, pero me gustaría platicar contigo."

Fijamos una cita, y nos reunimos en cuatro sesiones de consulta para revisar sus problemas y explorar sus posibles opciones a futuro.

—No tienes acento sureño, —observé, tras encender la grabadora— ¿eres de Louisiana?

—No, de Chicago, mis papás son de Louisiana, volvieron allá cuando yo tenía catorce años.

—¿Y a ti qué te pareció?

—Bien, Chicago no me gustaba mucho que digamos.

—¿Qué edad tienes, Walter?

—Cuarenta y seis.

—¿Viniste a Nueva York por motivos de trabajo?

—Sí, trabajo en una línea aérea. Me mandaron un tiempo a Nueva York, aunque en realidad estoy tratando de regresar a las relaciones públicas, en eso trabajaba antes de entrar a la aerolínea.

—¿Por qué dejaste tu trabajo de relaciones públicas?

—Mi esposa murió de pulmonía hace tres años. Fue tan repentino que me desplomé, teníamos dos hijos, que ahora tienen dieciséis y dieciocho años, un hombre y una mujer. Perdí mi empleo, y cuando me recuperé un amigo me consiguió el puesto en la línea aérea, lo acepté por mis hijos y porque era la única oferta de trabajo que me habían hecho.

—¿Te llevabas bien con tu esposa?

—Yo diría que sí.

—¿Te molesta hablar de eso?

—No.

—¿Tu vida sexual con ella era satisfactoria?

—Lo que pasa es que debo decirte que la dejé meses antes de que muriera. Ocho meses antes.

—Acabas de decirme que se llevaban bien…

—Y así era, pero entonces conocí a Ken, y nos enamoramos, así que dejé a Bonny…

—¿Cuánto tiempo estuvieron casados Bonny y tú?

—Diecisiete años.

—¿Ella supo de tu bisexualidad?

—Sí, en los últimos años.

—¿Y la aceptó?

—No, por eso nos separamos, no la entendió. Quería que dejara de ver a mis hijos y yo jamás iba a permitir eso.

—Dices que te desplomaste cuando murió tu esposa. ¿Lamentabas haberla dejado?

—No, pero me sentía culpable, pensaba que ella no habría muerto si no la hubiera dejado y esas cosas y además estaban mis hijos, ellos sabían que yo había abandonado a su madre para vivir con un hombre. Mi hija huyó, se escapó tres veces hasta que mi mamá vino a vivir con nosotros. Ken y yo rompimos entonces, estaban ocurriendo demasiadas cosas y se hartó, luego me quedé sin trabajo, fue una pesadilla todo eso.

—¿Te llevas bien con tu madre?

—Mejor desde que mi papá murió, aunque no soporta mi estilo de vida. Mi padre lo soportaba menos, él no hacía más que causarme problemas, nos la pasábamos peleando sin remedio, era muy hombre, y me decía maricón y cosas así. Era cruel con mi mamá, no lloré cuando murió, créeme. Para decirte la verdad, toda mi familia es insoportable, inclusive mis hermanos; tengo un hermano mayor y una hermana menor, no los he visto en años. Están casados, viven en California, lo único bueno de ellos es que no querían a mi padre tampoco. Yo soy el único que se lleva bien con mi mamá, fue muy buena conmigo y con mis hijos cuando Bonny murió, aunque fue principalmente por su culpa que perdí a Ken. Él no pudo soportar sus sarcasmos, no lo culpo, apenas si puedo soportarlos yo mismo.

—¿Cómo es ahora tu relación con tus hijos?

—Con mi hijo, no muy buena, pero mi hija y yo nos hemos vuelto buenos amigos, ella es la única persona con la que intimo actualmente, me entiende, ya no se escapa, y aceptó mi bisexualidad.

—¿Cuánto tiempo llevas como bisexual, desde tu punto de vista?

—¿Quieres decir cuándo me empezaron a atraer los hombres?

—¿Te atrajeron primero las mujeres?

—Sí, ellas me gustaron primero, pero a los dieciséis también empecé a meterme con hombres.

—Comencemos por el principio. ¿De chico te masturbabas?

—Sí.

—¿Qué edad tenías cuando empezaste a hacerlo?

—Diez u once.

—¿Fantaseabas?

—Sí, pero la verdad es que comencé a tener sexo cuando tenía cinco o seis años, en el garage de la casa. Los niños del vecindario jugábamos al doctor, la enfermera, ese tipo de cosas.

—¿Experimentaste orgasmos entonces?

—No lo creo. Mi primer orgasmo fue cuando tenía diez años, como ya dije, y la primera relación sexual de verdad que tuve con otra persona fue en una violación tumultuaria cuando tenía doce. A aquella chica le decíamos "la bomba del pueblo"; tenía como quince años y se las prestaba a todos. Tiempo después los muchachos nos masturbábamos en grupo, para ver quién se venía primero, a mí me encantaba.

—¿Todavía te masturbas?

—Claro, todos los días.

—¿Qué fantaseas?

—Principalmente hombres, para serte franco, las mujeres me ponen nervioso, mira, tengo una verga pequeña, la compañía de las mujeres me agrada, pero… la mujer con la que más he gozado sexualmente es mi esposa, la pasábamos muy bien. Ella era virgen cuando nos casamos, ¡así que yo sabía que no comparaba mi verga con la de otros hombres!, en la cama me sentía seguro con ella.

—¿Con ella te gustaba todo tipo de sexo?

—No, a ella le gustaba mamármela, pero a mí no me parece que una mujer deba hacer eso, y no me agrada mamársela a una mujer.

—¿Y con los hombres?

—Ah, me gusta que me la mamen, y mamarles a ellos el culo y la verga, pero con una mujer no, a una mujer sólo me gusta tocarla y cogérmela.

—¿Has tenido relaciones con mujeres aparte de tu esposa?

—Pocas. En Florida conocí a una, compré un tiempo compartido en una casa para la primavera y el verano, y la conocí allá, nunca debí haberme metido con ella.

—¿Por qué?

—Era muy agresiva. Estuvo bien la primera vez que tuvimos

sexo, de noche en la playa, pero la segunda vez no pude, era una de esas mujeres muy ardientes que se te lanzan de inmediato, pero en la cama su cuerpo, no sé, se tensaba de necesidad, de exigencia... ya ves cómo algunas mujeres no dejan de moverse en la cama cuando empiezas a cogértelas... bueno, pues ella no paraba de menearse para todos lados y subía la pelvis y quería sacarme todo lo que pudiera antes de que yo estuviera listo, supongo que lo único que quería era tener sexo, venirse. Fue horrible, así que se me bajó. Lo volvimos a hacer después, pero ella quiso mamarme la verga, y a mí me da asco que una mujer haga eso, le perdí el respeto, no me malinterpretes, sé que es mi trauma, pero ésa es la clase de gancho retorcido que soy yo.

—¿Actualmente tienes una relación con un hombre o una mujer?

—No, pero tengo mucho sexo, con hombres, aunque de vez en cuando me excita alguna mujer. Hace poco pasé una temporada con un amigo de Arizona, donde hace años coincidimos en la universidad, de joven sufrí un accidente automovilístico que me dejó algo de dinero, y fui allá a la universidad, fue uno de los mejores periodos de mi vida. Fui presidente de la sociedad de alumnos de primer año, tenía un empleo de medio tiempo en un bar gay e intimé mucho con ese amigo. Hace poco volvimos a vernos, y la pasamos bien. Él era hetero cuando lo conocí, una de las cosas que más me gustan es ayudar a un hetero a desinhibirse. Mientras estuvo aquí, íbamos a bailar (a mí me encanta bailar) y nos acostábamos, ya se fue, pero estoy seguro de que volveremos a vernos, también hace poco conocí a una mujer que me gusta, no sé.

—¿Qué es lo que no sabes?

—No sé.

—¿Te describirías como una persona feliz, Walter?

—¡Claro! creo que lo soy, seguro. ¿Por qué no habría de serlo?, no tengo nada de qué quejarme en estos tiempos, así que claro que soy feliz, pero sé que las cosas no marchan del todo bien, a veces, cuando no puedo dormir, me veo a mí mismo y me doy cuenta de que todo está de cabeza y estoy algo confundido con mis relaciones: los hombres, las mujeres. Por lo general estoy contento, pero me gustaría no sentir tanta confusión...

Walter está confundido, y me sorprendería que fuera tan feliz como dice serlo, su visión de sí mismo es negativa, sus relaciones con hombres y mujeres no suelen ser satisfactorias y su bisexualidad está llena de aversiones y compulsiones. Usa el sexo para satisfacer otras necesidades. Su preocupación por su "pene pequeño" es representativa de su visión de sí mismo, cuando se lo pregunté en detalle, admitió que su pene es de tamaño promedio. Tras nuevas preguntas, admitió que también en sus relaciones sexuales con hombres abundan los problemas. Le recomendé enfáticamente buscar terapia en Louisiana tan pronto como se estableciera, lo cual hizo. Su bisexualidad formaba parte integral de su desempeño generalmente problemático; su sexualidad era sólo un aspecto más de sus relaciones deficientes.

Ann C.

Entré en conocimiento de la historia de Ann en forma por demás poco convencional. Un fin de semana de principios de verano, invité a algunos amigos a mi casa de campo de las montañas del estado de Nueva York, uno de ellos, Edwin, llamó para preguntarme si podía llevar consigo a una joven que acababa de conocer y con la que se había enredado.

"Hace apenas tres semanas que la conozco", me dijo, "pero estamos en ese momento en el que sencillamente no podemos soportar estar separados. Ella es muy vulnerable y está como angustiada; es como un pájaro con un ala rota. No dará problemas."

Creo que la descripción de Edwin fue muy atinada: en efecto, ella resultó ser vulnerable, y evidentemente desarticulada, al menos en su raciocinio.

Ese sábado llovió, creo que esto no tuvo nada que ver con lo que pasó después, pero debido a ese clima, se impuso una especie de agobio. A mí el encierro no me incomodó, porque me dio una oportunidad de trabajar, pero, en retrospectiva, creo que debí haber sido un anfitrión más responsable.

A las tres de esa tarde en verdad deprimente oí un estruendo, seguido de un silencio, después se escucharon gritos tan violentos que salí de mi cuarto, recorrí el pasillo hasta la puerta de Edwin y toqué.

No hubo respuesta, no volví a tocar, sino que bajé a la cocina por una taza de café. Minutos más tarde, Edwin pasó corriendo junto a mí, maleta en mano, antes de que pudiera decirle nada, ya se marchaba en su auto, hizo un alto repentino, como considerando su acción, pero, tal como me explicaría después, estaba demasiado enojado para despedirse. "Francamente, -me explicó en una conversación telefónica el lunes siguiente-, temí matarla si me quedaba un minuto más."

Serví dos tazas de café y subí, Ann estaba sentada al pie de la cama, mirando una lámpara de cerámica bajo ella, esparcida en media docena de piezas más bien grandes.

—Espero que no haya sido una antigüedad —dijo.

—No le tenía mucho aprecio, si es eso lo que quieres decir. —Le ofrecí una taza de café—. ¿Te gusta negro?

—Gracias.

Tomó la taza, pero la mano le temblaba.

—La pasaré para acá.

Se la quité y la puse en el tocador.

—¿Él se fue?

—Parece que sí.

—¡Ay, Dios!

Lágrimas empezaron a rodar por sus mejillas.

—¿Quieres contarme qué pasó?

Lo hizo. Me lo contó a lo largo de la hora siguiente, aunque mi memoria era incapaz de registrar sus palabras. Mientras Ann exponía su historia, vi en ella lo que parecía ser una confusión psicosexual tan profunda que le sugerí tomar una siesta antes de seguir con nuestra plática.

—¿Me estás echando? —preguntó.

—No.

—Me gustaría hablar —dijo—, pero tengo que tomar el siguiente autobús a la ciudad.

—No es necesario —le dije—. Hablaremos después de la cena, ¿te importaría si grabo nuestra conversación?

—No, mientras pueda hablar, pero, ¿por qué?

—Tu situación, tus problemas, podrían ser de ayuda a otras personas, no usaré tu verdadero nombre, y ocultaré los detalles de tu vida, en pocas palabras, tu identidad no se verá comprometida.

Pasamos hablando tres horas en total, y nuestra última conversación tuvo lugar en mi auto al regresar a la ciudad el domingo en la noche.

Ann es una joven atractiva, aunque su apariencia depende en gran medida de cómo se sienta, se sentía bien cuando platicamos. En cierto momento la asocié con esas mujeres de las películas que tienen que quitarse los lentes para verse "bonitas". Lo que sigue es la esencia de nuestras conversaciones.

—¿Cuántos años tienes, Ann?

—Veintiocho.

—Háblame de tus orígenes.

—Soy de Bridgehampton, Long Island, vivo ahí, con mi madre y mi abuela. Por lo general, en invierno, voy a Florida y regreso a Bridgehampton para el verano, lo he hecho así durante años. Acá conocí a Edwin, nos vimos en la playa, y nos pusimos a platicar. Yo acababa de regresar precisamente de un invierno horrible en Florida y… estaba caliente, menos de una hora después de conocernos, ya estábamos en la cama. El problema es que no me vine, me cuesta trabajo venirme. Es que él no hace las cosas como yo necesito, por eso se puso furioso esta tarde.

—¿Qué ocurrió?

—Comenzamos a fajar, y yo me excité tanto que lo mordí, pero creo que lo mordí muy fuerte, porque me pegó, eso me excitó más todavía, pero él se enojó y se me echó encima, completamente sobre mí, no excitado, sino enojado. Yo también me enojé, y le di una cachetada, luego me puse a contarle de un chico con el que me acostaba en Florida y siempre me venía, lo cual era cierto, pero entonces él rompió la lámpara. Supe que no debía habérselo dicho, pero estaba caliente, siempre lo estoy, creo que la gente se confunde conmigo porque no parezco del tipo sexy.

—Ya me contaste un poco sobre tu madre y tu abuela. ¿Podrías volver a ese asunto, con más detalle?

—¿Por dónde quieres que empiece?

—Por donde tú prefieras.

—Mi familia tiene un restaurante enorme en los Hamptons, bueno, lo tuvo hasta hace dos años, cuando lo vendieron, yo sigo pensando que es nuestro, aunque ya está cerrado, el nuevo dueño no pudo con él. Era todo un éxito con nosotros gracias a mi abuela, que es la mejor cocina alemana del mundo, pero se quiso retirar, ya tiene ochenta y dos años.

—¿Tu madre trabajaba en el restaurante?

—Todos: mi abuela, mi mamá, mi hermano, que es mayor que yo, y yo.

—¿Y tu padre?

—¡Vaya!, ¡qué pregunta! Nunca lo conocí, jamás lo he visto, hasta la fecha no sé si vive o no. Mi mamá se divorció meses después de que yo nací, él era irlandés, mi mamá y mi abuela son alemanas.

—Hablemos de tu vida sexual. ¿Cuál fue tu primera experiencia?

—La masturbación.

—¿Qué edad tenías cuando empezaste?

—Seis años.

—¿Puedes describirme qué hacías?, ¿en qué pensabas?, ¿qué sentías?

—Todo viene junto, perdonando el juego de palabras; me masturbé de los seis a los dieciséis, y ésa fue toda mi actividad sexual hasta entonces. Lo que más me gustaba era quedarme sola en casa (empecé a hacerlo cuando tenía ocho años), ponerme un brassier de mi mamá y rellenarlo con servilletas o Kleenex, me ponía su maquillaje y un fondo y caminaba frente al espejo hasta que me calentaba, y entonces tomaba un espejito y me iba a la cama y me ponía el espejo entre las piernas y me masturbaba con el dedo. Lo hacía mucho, dos veces a la semana. Me daba mucho miedo que me descubrieran y me sentía muy culpable, todo el tiempo me sentía culpable.

—¿Tenías fantasías cuando te masturbabas?

—Sí. Pensaba en senos, senos de mujer, y lo sigo haciendo, me basta pensar en ellos para venirme. Me gustaría que los míos fueran más grandes para poder chupármelos yo misma.

—¿Eso te ocurre también cuando estás con un hombre? ¿Pensar en senos?

—No siempre, a veces.

—En nuestra conversación anterior dijiste que eres bisexual.

—Sí, por primera vez. En Florida estuve en terapia un tiempo, y ésa fue la primera vez que le dije a alguien que me masturbaba y cómo lo hacía. Apenas en los últimos meses me di cuenta de que soy bisexual, aunque en cierto modo siempre lo he sabido. Antes creía que era lesbiana.

—Detengámonos un momento y volvamos a cuando tenías dieciséis años, ¿tuviste entonces tu primera relación sexual con otra persona?

—Sí.

—¿Un hombre?

—Sí, un amigo de la preparatoria.

—¿Cómo estuvo?

—Mejor para él que para mí, creo. Yo nunca me venía, volvía a casa y me masturbaba.

—¿Hubo otros hombres después?

—Hasta los dieciocho años salí con un par de chicos, luego, una noche dos muchachos me dieron un aventón de la escuela a mi casa. Era primavera y hacía mucho calor, fuimos a la playa y lo hice con los dos, me vine, era la primera vez que me venía con otra persona, pero me sentí… como que creí que era una especie de puerca, supuse que era eso lo que ellos pensaban.

—¿Volviste a verlos?

—No para acostarnos, troné cuando salí de la prepa.

—¿Qué quieres decir con "troné"?

—Que volé en pedazos. Creía que mi mamá y mi abuela querían destruirme, estaba segura de eso, comencé a hacer berrinches y a romper cosas y a hacer locuras en la casa. Un día estaba en la cocina con mi mamá, que es muy tranquila y muy fría, y sin motivo aparente me volví hacia ella, la tomé por el cuello y traté de estrangularla, de veras quise matarla. Mi hermano llegó corriendo y me separó, yo no dejaba de decir: "¿Por qué no me quieres?, ¿por qué no me quieres?". Y después de que mi hermano me obligó a disculparme, me desmoroné, hasta la fecha no soporto que él haya hecho eso, obligarme a ofrecer disculpas.

—¿Por qué?

—No sé, simplemente me sentí muy sola cuando él me forzó a pedir perdón, porque yo no quería hacerlo, mi madre nunca me ha querido. Dicen que me parezco a mi papá y mi mamá y mi abuela odian a mi papá, así que supongo que también me odian a mí. La gente dice que parezco irlandesa, todos en mi familia parecen alemanes, pero bueno, me mandaron a una granja de recuperación cara y bonita, donde estuve un año. Tenía veinte cuando salí, no entré a la universidad, hacía labores ocasionales, limpiando casas de verano, pero en el invierno no había empleo y me iba a Florida a trabajar como mesera, llevo seis años así, yendo y viniendo. Y cada primavera, cuando vengo al norte, llego a casa con mi madre y mi abuela, ellas me hacen menos todo el tiempo, nada de lo que hago les parece, aunque ahora me llevo un poco mejor con mi abuela.

—¿Por qué regresas?

—Por dinero, nunca he ganado lo suficiente para mantenerme sola, mi familia es muy rica. Mi hermano vive lejos y se vale por sí mismo, le va muy bien en los negocios, nunca ha vuelto. Hace poco me dijo que ahora comprende por qué soy como soy, ellas lo trataban mejor que a mí porque es hombre, y porque se parece a ellas. En esa casa, con esas dos mujeres, te juro que soy un fenómeno.

—¿Y si tuvieras que mantenerte sola?

—Sé qué quieres decir, pero no es por dinero por lo que regreso, es por angustia. Ya he oído todo eso antes.

—¿De veras?

—Mira, sin dinero no se puede vivir, nunca he ganado lo suficiente para irme.

—¿Lo harías si pudieras?

—Preferiría no seguir hablando de esto, si no te importa.

—Está bien. Cuéntame, si te parece, del patrón de tu vida amorosa en los últimos seis años.

—Al salir de la granja conocí algunos hombres, pero lo único que saqué de ellos fue más frustración. A pesar de mi gran apetito sexual, lo que más me gusta en la cama es que me cojan y venirme. Por ejemplo, no me gusta hacer sexo oral. Me cansa mamársela a un hombre, y no me gusta mucho que me mamen a mí, me gusta que me dedeen, que me besen y me dedeen al mismo tiempo, eso siempre me hace venirme. Me gusta que un hombre me ponga la verga entre las piernas, me excita mucho, no sé por qué. Los hombres me dicen que no hago mucho en la cama, pero a mí me gusta que el hombre me lleve, si entiendes a lo que me refiero.

"El invierno pasado conocí a un hombre en Florida, cogíamos riquísimo, con él me venía siempre, no había mucho escarceo, cogíamos bien, y mucho, pero un día llegué más temprano del trabajo y lo encontré con mi ropa puesta: vestido, peluca, maquillaje, todo. Al principio me horroricé, pero él me dijo que tenía mucho tiempo haciéndolo, que tenía un guardarropa de mujer y sentía que se liberaba vistiéndose así. Lo que me molestó es que por fin había un hombre que me satisfacía sexualmente, pero le gustaba vestirse de mujer. Él tenía cuarenta y tantos años, pero me dijo que su deseo secreto era ser lesbiana. Le iba muy bien como arquitecto y no era ningún tonto, pero tenía muchos problemas con su padre. Lo que pasó me confundió mucho, y rompimos antes de que yo dejara Florida. ¿Te acuerdas que te conté que me gustan los senos de las mujeres?, pues él me dijo que se iba a inyectar hormonas para ofrecerme sus pechos, casi le digo que sí, ¿te lo puedes imaginar?, de veras que lo pensé, luego estuve un tiempo en terapia y el terapeuta me sugirió hacer la prueba con una mujer, para ver si me gustaba.

No regresé con él, pero pensé mucho en eso. Cuando hace dos meses volví al norte, soñé que me acostaba con una mujer, desperté llorando, pero no porque haya sido una pesadilla (no lo fue), sino porque fue maravilloso. A la noche siguiente fui a un bar gay en la carretera, es un bar lésbico, del que estaba enterada desde hacía años y al momento me puse a platicar con una mujer diez años mayor que yo, tenía un busto enorme y era muy simpática, yo estaba nerviosa, claro, porque el bar no está lejos de la casa donde crecí, pero deseaba tanto esa experiencia que no me importó. La mujer me dio una cita, a la que no fui, pero volví un par de veces al bar y en una de ellas la encontré de nuevo, fuimos a dar una vuelta en mi coche y me besó cuando la regresé al bar, hicimos otra cita y por *fin* terminamos en la cama. Tenía unos senos grandísimos, no muy firmes, pero me dejó jugar con ellos y se los mamé y grité y no dejaba de mamárselos y jugar con ellos, como un muerto de sed en el desierto, ella me dedeó y me vine, y luego de unas citas más yo la dedeé, pero ella quería hacer el sesenta y nueve conmigo y eso me hizo alejarme.

Conocí entonces a otra mujer en el bar, con unos pechos y unos pezones preciosos, y me he visto muchas veces con ella, se llama Lola, y la pasamos muy bien, nos peleamos la semana pasada porque ando con Edwin al mismo tiempo, por eso vine este fin de semana, para castigarla, porque últimamente se ha portado mal conmigo.

—¿Por qué mal?

—Porque dice que debería dejar a mi madre y a mi abuela y que soy débil, no soporto que me digan que soy débil.

—¿Piensas que eres fuerte?

—No, pero no me gusta que me crean débil. Lola quiere que me vaya a vivir con ella y que compartamos la renta y todo, es muy linda, y nos venimos juntas pero no quiero ser lesbiana.

—¿Qué quieres ser?

—Hetero, supongo, o quizá bisexual, pero no lesbiana. Aunque necesito el amor que Lola me da.

—¿Qué tiene de diferente en comparación con el de Edwin?

-¿Has oído aquello de a quién salvarías en un edificio en llamas?, pues yo salvaría a Lola.

Podría ofrecer algunas palabras de diagnóstico y etiquetar a Ann, pero ése no es mi propósito aquí, lo importante es ver que su involucramiento con otros en el nivel psicosexual está salpicado de heridas, ambivalencias, anhelos y expectativas poco realistas. Su naturaleza bisexual no es tan importante como su necesidad de que la lastimen, su deseo de objetos fetichistas, su confusión y su mal concepto de sí misma, su desempeño es deficiente en casi todos los niveles. Como bisexual, sus relaciones con hombres y mujeres dejan mucho que desear en el plano sexual y emocional, su sensación de no ser amada afecta su capacidad para amar a los demás, hombres y mujeres. Al despedirse me dijo que pensaba volver a la terapia en Florida para el invierno siguiente. Espero que la aflicción que le causa el hecho de que se le considere "fenómeno" disminuya, o incluso desaparezca.

Donald J.

Donald J. tiene 27 años, es pediatra residente en un hospital de Nueva York y en la actualidad se halla bajo psicoterapia psicoanalítica. Nacido en Montreal, Canadá, es el menor de cuatro hijos de una familia judía muy unida, y tuvo su primera relación sexual con una prostituta a los 18 años, a ésta le siguieron varias experiencias parecidas, ninguna de las cuales fue satisfactoria para él. A los 22 años, el establecimiento de una aceptable relación sexual con una joven a la que conoció en la escuela de medicina en Toronto lo hizo sentirse "satisfecho" al fin, esta relación duró año y medio. En ese periodo, también tuvo una "frustrante" relación sexual con un estudiante de medicina, aunque recuerda su contenido emocional como más satisfactorio que su relación con la chica. Al terminar esas dos relaciones, estableció otra con un hombre, en la que el sexo era magnífico pero el vínculo emocional casi inexistente, esta relación terminó cuando él se mudó a Nueva York para realizar su internado.

Habiendo vivido en Nueva York en los dos últimos años, Donald incurrió en una intensa vida homosexual, iba a bares, asistía cada semana a los baños gays e hizo amistades principalmente gays. Digo que "incurrió", porque en su historia ha mostrado posibilidades más amplias, pero un incidente de impotencia con una mujer a su llegada a Nueva York activó su temor inconsciente a las mujeres, empezó a evitarlas, y sus superficiales relaciones con hombres apenas si eran satisfactorias.

Su principal problema es combinar el sexo con una buena relación en todo lo demás, ha demostrado ser capaz de ambas cosas, pero no con la misma persona. Quiere casarse y tener hijos, dejando abierta al mismo tiempo la posibilidad de uno o dos amigos o amantes. La terapia le ha ayudado a comprender en parte su conducta neurótica; desde hace poco, pasa la mayor parte de su tiempo con una trabajadora social. Su impotencia no ha vuelto, y cree estar abierto a la posibilidad de una intimidad completa, esta vez combinando sexo e intimidad en la misma relación, con un hombre o una mujer.

Dado que creo que Donald está a más de la mitad del túnel de la neurosis por el que ha pasado toda su vida, y que sigue avanzando, su progreso es difícil de precisar, es un bisexual insano, aunque cada vez más sano gracias a sus cambios, como ilustración de ello ofrezco una breve conversación recientemente sostenida en mi consultorio.

—La última vez que platicamos —le dije—, hablaste del matrimonio, ¿cómo te sientes ahora al respecto?

—Bien, "más fuerte" sería la palabra indicada. Millie [la trabajadora social] está segura, pero yo sigo sintiendo lo mío, ella no entiende el miedo que tengo de que la impotencia regrese.

—¿Regresó?

—No, pero ahí está, en el sentido de que me preocupa y luego está la cosa homosexual, ya se la conté a Millie, pero no la toma en serio, no creo que le importe que me acueste con un hombre, porque no puede imaginarlo siquiera, con otra mujer, sé que le molestaría, porque ella misma me lo dijo.

—¿Ves la bisexualidad como un problema?

—Me gustan los hombres. Me gusta Millie y me gustan los hombres, ¿cómo decirle a ella que una de las grandes alegrías de mi vida es ponerme de rodillas y mamar una verga enorme y hermosa? Sigo dedicando mucho tiempo a buscar una verga cada vez más grande por mamar.

—¿Y eso es un problema?

—Lo será si pierdo a Millie.

—¿Esto es probable?, ¿es un temor real?

—No, entiendo tu pregunta. No, no lo es, pero aún me confunde cuál… qué es lo que quiero. De rodillas con una verga en la boca, mi única responsabilidad es dar placer, ¿tiene sentido esto?

—¿Y recibir placer… placer directo?

—Recibo placer directo con Millie, pero no confío en él, no confío en que esté ahí. ¿Esto quiere decir que no confío en las mujeres?

—¿Tu qué piensas?

—Déjame decirte lo que creo que piensas tú, ¿de acuerdo?

—Bien.

—No es que no confíe en las mujeres, es que no confío en mí con las mujeres, ¿toqué la campana?

—¿La oíste?

—Sí.

—Yo también —me reí.

No entraré en la dinámica de una parte de la conducta homosexual de Donald, salvo para decir que ha resuelto muchas cosas en la terapia y que ahora puede intimar no sólo sexualmente con otros hombres, sino también emocionalmente. Sus compulsiones se han reducido o desaparecido conforme ha madurado, de hecho, estamos por terminar la terapia. La relación de Donald con Millie ha progresado también, al punto de que ya viven juntos y están haciendo planes para casarse. Lo cierto es que no sería impropio pasar a Donald al capítulo siguiente, "El bisexual sano", sin embargo, su "salud" es muy reciente y aún no ha arraigado del todo, de manera que dejémoslo aquí, como una persona en transición.

Capítulo 7

El bisexual sano:
Perfiles

Una vez tuve un paciente que, por efecto de un pacto infernal con su conciencia, adoptó un punto de vista muy estrecho sobre todo lo sexual. Hacía falta poco para retar a su conciencia, y un día golpeó a su esposa cuando ella sugirió que su punto de vista tenía más que ver con la intolerancia que con el sentido común. Ella lo abandonó, llevando consigo a su hijo de cuatro años.

—Eso me rompió el corazón —dijo él en nuestra primera sesión—. Hoy es un delito tener una opinión sana sobre el sexo.

—¿Qué es una opinión sana? —le pregunté.

—Nosotros teníamos a nuestro hijo en una escuela particular, y yo descubrí que aparte de que algunos maestros eran homosexuales, la directora… *¡la directora!*, era tortillera.

—¿Era buena como directora?

—¿Qué importa eso?, ¡estaba enferma!, ¿cómo se puede ser bueno para algo estando enfermo?

—¿Cómo sabe usted que ella estaba enferma?

—¿A qué se refiere?

—¿Ella hizo algo que haya indicado que estuviera enferma?

—Eso fue lo que me preguntó mi esposa antes de que le pegara.

—¿Y por eso le pegó?

—¡Oiga!, no estoy orgulloso de haberla golpeado, pero no me diga que alguien puede hacer bien algo si no puede tener una vida sexual normal.

—Yo nunca diría eso.

—Entonces tengo razón.

—En teoría, sí.

—¿Por qué ella no pudo ver esto?

—Tal vez sí lo vio —contesté, lo más amablemente que pude.

—¿Entonces por qué le pegué? —preguntó, y de pronto empezó a sacudir la cabeza—. No, no fue eso lo que quise decir, sino por qué...

Permaneció aturdido en el sillón los dos minutos siguientes...

Esta confusión es común. En una sociedad democrática, si la mayoría cree que el azul es verde, es posible que el azul pronto se convierta en verde. La opinión de la mayoría es un poderoso medio de persuasión, pero como sabemos, la mayoría no siempre tiene la razón.

Cuando mi paciente golpeó a su esposa, habló por el pasado primitivo. Cuando ella salió de la casa, habló, sin decir nada, por un presente y futuro más ilustrado. "¿Entonces por qué le pegué?", preguntó él, y antes de volver a tomar aliento, tuvo un indicio de ese porqué, aunque no se dio cuenta en ese momento, la "verdad" lo desconcertó. Hoy pasamos por rápidos cambios en la comprensión no sólo de la sexualidad humana, sino también de todas las áreas del pensamiento. A menos de una década del año 2000, por primera vez en la historia podemos darnos el lujo de admitir que las mujeres son iguales a los hombres y que la sexualidad es un medio de expresión creativa tanto como un impulso instintivo para la procreación.

El bisexual sano es una idea del siglo XX. ¿Qué podemos aprender de él? Ofrezco los casos siguientes:

Harold G.

Para la primera edición de este libro, en 1976 entrevisté a Harold G., una vez en mi consultorio y dos en su departamento, en Central Park West, Manhattan. Harold es un exitoso guionista de televisión cuyo trabajo le ha ganado fama en lo que se conoce en el gremio como "producto de calidad". El aspecto que más llamaba la atención en él era lo joven que lucía a sus 55 años.

—No pareces mayor de cuarenta —le dije en nuestra primera reunión.

—Supongo que es por los genes.

—¿No crees que podría deberse a la forma en que viviste?

—Claro, pero uno tiende a restar importancia a esa... bueno, vanidad.

—¿Eres vanidoso?

—Vanidoso no, pero tal vez sí un poco cínico en cuanto a lo que tengo.

—¿Siempre has sido tan seguro de ti mismo?

—No.

—¿Cuáles son tus orígenes?

—¿Quieres la versión corta o la larga? —Sacudió la cabeza y sonrió—. No, no, estoy bromeando. Nací en Filadelfia, en lo que podría considerarse un barrio semipobre. Mi madre murió cuando yo tenía ocho años, mi padre era reparador de salpicaderas, encabezaba un hogar judío ortodoxo para mí y mis dos hermanos mayores, teníamos entonces ocho, catorce y dieciséis años. Mi hermano mayor se fue de la casa cuando tenía veinte y más tarde se hizo dramaturgo, muy exitoso, muy respetado, muy famoso, se cambió de nombre.

—¿Ése es el motivo de que tú seas escritor?

—Sí y no, yo quería ser médico, pero no había dinero, además, la segunda guerra mundial decidió muchas cosas, fui reclutado y serví cinco años en el ejército. La guerra fue un infierno como dicen, y cuando terminó, yo quería ser de veras libre. Era bueno para escribir, así que me dediqué a eso, estuve presente en los albores de la televisión, y crecí con ella.

—¿Te arrepientes de eso?

—Sí, en el sentido de que no soy un artista como mi hermano, pero mi vida ha sido más equilibrada que la suya, yo soy feliz, él no. "Feliz" es una palabra tonta, pero creo que entiendes lo que quiero decir.

—¿Por qué tú sí eres feliz y él no?

—He hablado de eso con mi hermano, nos llevamos bien, él es gay, está muy metido en ese asunto, y como todo el que lo hace de esa manera, se siente algo desesperado. Mi otro hermano (el de en medio) es abogado, muy bueno, está casado y vive en Arizona, es hetero como perro, y no nos tragamos, se ha casado tres veces, dicho sea de paso, y creo que eso lo dice todo. No le habla a mi hermano mayor porque es homosexual. Increíble.

—Háblame de tu vida sexual. ¿Cuándo experimentaste el sexo por primera vez?

—Recuerdo haber conocido esa grandiosa sensación jugando conmigo mismo, desde los dos o tres años de edad, seguí haciéndolo, lo que derivó naturalmente en la masturbación, nunca tuve ningún sueño mojado, porque no dejaba pasar un solo día sin masturbarme.

—¿Culpa?

—Desde luego, aunque no la suficiente para dejar de hacerlo. Cuando crecí, falsificaba notas para poder sacar libros sobre sexo de la biblioteca, también mis hermanos me ayudaban, leíamos mucho, no sólo libros sobre sexo, de todo.

—¿Qué fantaseabas?

—Generalidades sobre mujeres. Modelos: Betty Grable, esas cosas. Empecé a andar con chicas cuando tenía once o doce años, nada intenso, sólo un montón de besos y toqueteos.

—¿Te gustaba?

—¡Claro!

—¿En ese entonces tuviste algo que ver con hombres en términos sexuales?

—No, a menos que se cuenten las masturbaciones grupales en campamentos, y el chico de la cuadra en Filadelfia que se la mamaba a todos.

—¿Te gustaba?

—Sí, pero no lo admitía, ni siquiera para mí mismo.

—¿Por qué no?

—No quería que me creyeran queer, no quería concebirme de esa forma y sabía que mi hermano mayor era homosexual, él se había ido del barrio, pero todos sabían que mi papá lo había echado de la casa, así que yo creía que ser queer era peligroso. Mi otro hermano, el abogado, se volvió superhetero, supongo que para complacer a mi papá, aquello de verdad lo había vuelto loco, mi padre decía que mamá se revolcaría en la tumba si supiera que su hijo mayor era "maricón", así que el segundo en nacer tuvo que compensar eso, padeció mucho, y solía advertirme del peligro de volverme "un pervertido" como nuestro hermano.

—¿Tú creías que tu hermano mayor era un pervertido?

—No, creía que era una persona increíble, pero no lo decía. ¡Vaya!, me habría costado mi vida en la casa hablar bien de "la hadita", y en el barrio igual.

—¿Qué edad tenías cuando tuviste tu primer encuentro sexual con una mujer?

—¡Ay, fue espantoso! una violación colectiva. He de haber sido como el décimo en la fila, tenía diecisiete años, nunca le vi el rostro a la muchacha, estaba arrodillada en una cama, y los chicos nos formamos afuera, junto a la ventana de una casita de campo que estaba desocupada. Se la metíamos en la vagina por atrás, un montón de muchachos formados, realmente sórdido, aunque no inusual, sucedía mucho en ese entonces. Había chicas que lo hacían en ese tipo de violaciones. Hasta cierto punto, mi hermano el abogado me obligó a hacerlo, después volvió a casa y le dijo a mi papá que yo ya era un hombre, y eso alegró al viejo. Yo estaba a punto de que me llamaran a filas, y ambos querían que yo fornicara antes de irme... para que "comenzara con el pie derecho".

—¿Cómo era la sexualidad en el ejército?

—Ahí inicié mi vida sexual, conocí a una joven después del campamento de entrenamiento, y tardé un rato pero por fin me la llevé a la cama, yo estaba por salir al extranjero, y supongo que eso la liberó de culpa. Fue una especie de amor en sleeping bag, y la pasamos de maravilla, aunque ninguno de los dos sabía lo que hacía. Era una chica muy simpática, platicábamos mucho, pero me marché, estuve fuera cerca de cinco años, así que, aunque entonces no lo supimos, aquél fue el final de lo nuestro.

—¿Partiste al extranjero?

—Sí, no hablaré de mi experiencia en la guerra más que para decirte que fui técnico laboratorista y médico, eso me quitó las ganas de ser doctor. Lo que no perdí fue mi interés en la psicología, de hecho, a veces escribo sin firma artículos sobre psicología, para ser un profano, sé bastante del tema, pero bueno, mi trabajo en el ejército me acercó a las enfermeras, y aunque se supone que ellas no debían socializar con los soldados, lo hacían, y yo me las arreglé para acercarme a algunas.

—¿Sexualmente?

—Sí, todas ellas, sin excepción, eran mayores que yo, a veces unos años, otras hasta diez o doce. La relación más larga fue con una mujer de treinta y dos, a mis diecinueve. Teníamos que escondernos, debido al reglamento, nuestros encuentros sexuales eran muy intensos, porque era lo único que teníamos, y aprendí mucho de ella, fue la primera mujer que tuvo un orgasmo mientras yo cogía con ella, me pareció maravilloso, yo no sabía que se suponía que las mujeres tenían que gozar, y ella gozaba, absolutamente todo. Recuerdo que una vez conseguimos en Londres un cuarto por veinticuatro horas, ella llegó antes, y cuando entré a la habitación la encontré tendida en la cama, desnuda, estiradas sus largas y hermosas piernas, cubriéndose los senos con las manos. Había escrito con lápiz labial en su vientre: "HOY MATINÉ."

—¿Sentiste por ella algo parecido al amor?

—En cierto sentido sí, aunque no muy hondo, habría podido llegar a sentirlo, pero la regresaron a Estados Unidos, creo, la extrañé mucho.

Durante cerca de seis meses no tuve relaciones sexuales con nadie y entonces conocí a Stan, era asistente del capellán, tocaba música clásica en el piano y era un ser humano increíblemente sensible, muy bien parecido, mayor que yo, como de veintiocho años. Nos conocimos afuera de la base, en alguna borrachera. Al principio sólo fuimos amigos, yo sabía que él era homosexual, pero pensé que podía sortear el asunto.

—¿Te atraía?

—No, entonces no creía que los hombres pudieran atraerme, pero bueno, juntos recibimos un permiso de veinticuatro horas y fuimos a Londres. Tomamos un cuarto para los dos, esa noche en la cama, él se acercó y me tocó, antes de saber lo que pasaba, ya me la estaba mamando, quise detenerlo, pero sentía rico y era excitante ser deseado de esa manera. Me la mamó tres veces aquella noche, cada vez mejor. El seguía dormido cuando desperté, así que me fui. En la base dejé de hablarle y días después pedí que me transfirieran, lo hicieron, no lo volví a ver nunca.

—¿Ese incidente te molestó?

—Me angustiaba, juré no volver a hacerlo jamás.

—¿Creíste que serías como tu hermano mayor?

—Exactamente.

—¿Y lo volviste a hacer?

—No hasta 1950, causé baja y entré a la New York University, conforme a la ley de soldados retirados. En un baile conocí a una muchacha, nos enamoramos, hicimos planes de matrimonio y nos casamos menos de un año más tarde, en junio de 1946, llevamos treinta años de casados, se llama Alice.

—¿Su matrimonio ha sido bueno?

—Pienso que sí.

—¿Hijos?

—Un hombre, casado, vive en Florida, es un buen chico.

—¿Con qué frecuencia tu esposa y tú hacen el amor?

—¿Te refieres a nuestros treinta años?, difícil pregunta, yo diría que dos o tres veces a la semana, ella padeció fiebre reumática de niña y tiene una afección cardiaca que a veces se nos interpone, pero nuestra relación sexual es buena.

—¿Has tenido otras mujeres en los últimos treinta años?

Titubeó por vez primera antes de contestar.

—No... —guardó silencio un momento— He querido hacerlo, pero soy muy romántico con las mujeres, podría enamorarme fácilmente, y no quiero lastimar a Alice, además, resulta que soy impotente con ellas la primera vez, me pasó con la enfermera, con la primera chica y con Alice; con todas las mujeres con las que me he acostado, jamás lo consideré un problema, ni lo considero ahora. Nunca he sido impotente con una mujer más que en una ocasión, la primera, pero esto me la pone dura (sin albur) con las mujeres, a menos que desarrolle una relación, y la que tengo con Alice es tan seria que eso no ha sucedido jamás, ha habido dos episodios a lo largo de los años, pero ninguno pasó de esa primera vez de impotencia. El asunto es que a una mujer tengo que conocerla, interesarme en ella.

—¿Ves eso como un trauma?

—Sí, pero creo que es bueno, significa que valoro el sexo con las mujeres, —sonrió— aunque también soy lo bastante listo para saber que esto es una racionalización, supongo que se trata de algo generacional, así me educaron.

—¿Habías olvidado a Stan cuando te casaste?

—Eso creía, pero claro que no fue así. En 1950, una noche saqué a pasear al perro a Riverside Park, de repente se me acercó un hombre, y nos metimos entre los arbustos, me la mamó. Fue muy excitante, me dio su número telefónico, y yo le llamaba una vez a la semana, iba a su departamento y él me mamaba la verga, lo disfrutaba tanto como Stan. Luego conocí a otro tipo en el parque, y se repitió el mismo patrón.

—¿Cómo te sentías por eso?

—Pésimo, porque estaba seguro de que revelaba que yo era homosexual, no había otra forma de entenderlo. Todos los libros sobre el tema, todos los expertos en la materia decían que si un hombre participa en actos homosexuales es homosexual, por más que le gusten las relaciones heterosexuales.

—¿Eso te llevó a dejar de hacerlo?

—No, pero limitó mi placer. El deseo era demasiado fuerte para contenerlo, aquello me encantaba, pero no podía soportar la idea de que fuera homosexual, una loca de clóset. No me sentía homosexual, aunque en realidad, tampoco heterosexual, me sentía sexual, quería sexo, y quería todo el que se me pudiera antojar. El sexo me relajaba, me hacía sentir bien, ahora sé que hombres y mujeres me atrajeron desde el principio, por supuesto. Aun de chico en los campamentos, durante las masturbaciones en grupo, deseaba a los otros muchachos, y quería que ellos me desearan, pero claro que nunca lo admití.

—¿Cuándo lo admitiste por primera vez?

—Entré a terapia, gracias a Dios, conseguí un médico que no veía mi homosexualidad como un problema.

—¿Pero veía alguno?

—Sí, él fue el primero en sugerirme que tenía dificultad para entender qué tipo de ser sexual era yo.

—¿Cuál tipo?

—Bisexual.

—¿Cuánto tiempo tardaste en asimilar esa posibilidad?

—Años, cuando comencé a hacer algo más que sólo reaccionar a las insinuaciones de los hombres, me di cuenta de que los deseaba a ellos tanto como al sexo. Conocí a un tipo, fuimos a su casa, y de pronto me vi mamándosela mientras él me lo hacía a mí y ahí empezó todo, de manera básica y limitada pero comenzó. Dejando de lado a Freud, también creo que el sexo con hombres resulta más fácil de obtener, y eso es parte del atractivo, en cambio, es difícil conseguir sexo casual con una desconocida, y en mi caso, como ya dije, tendría que cruzar el puente de la intimidad si lo encontrara, pero yo diría que, al cumplir los cuarenta, ya me había aceptado como bisexual.

Nos hallábamos en su departamento cuando Harold contestó la pregunta anterior, así que se hundió en el sillón y suspiró.

—Aunque la verdad es que no lo acepté hasta hace poco, de no haber sido por el movimiento de las mujeres y la explosión de la liberación gay, supongo que no lo admitiría aún, pese a mi doctor. Con todo y mis conocimientos de psicología y mi implícito respeto por quienes la practican, me costó trabajo oponerme a la opinión de la mayoría, creo que pensé que mi doctor me había dicho lo que yo quería oír. Todo depende de como tú lo veas, al fin y al cabo.

—¿Qué influencia tuvo el movimiento de las mujeres en tu actitud sexual ante ti mismo?

—"Opciones" es la primera palabra que me viene a la cabeza, la idea de los roles permanentes, me pareció que las mujeres cuestionaban esa premisa, y eso naturalmente me atrajo. De mi actividad bisexual aprendí que podía desempeñar muchos roles, tanto activo como pasivo, y que en todos ellos era yo, aspectos de mí, no era sólo un hombre agresivo y enérgico que, por amable que sea, le hace el amor a una mujer que terminará por rendirse y ser el recipiente pasivo de mi superman, no es que ese rol no me guste, pero también me agrada que me lleven, ser el pasivo, todo depende de la situación y de las personas involucradas. Las posibilidades de interacción sexual con otras personas son mucho más amplias para el bisexual.

—¿Qué tan extensa es tu actividad sexual con hombres?

—Hace unos años conocí el inframundo gay, lo que se conoce como subcultura, en realidad éste es un término chic para explicar lo que es en verdad una tolerancia de clase media de un modo de vida. Me gusta el sexo, conozco a hombres en la calle, y sigue estando el parque, y a veces voy a los baños, además están los bares, está en todos lados, la verdad. La posibilidad de aventura está a la vuelta de la esquina.

—¿Tienes parejas masculinas estables?

—Tengo contactos sexuales estables con hombres. Ha habido hombres a los que quizá he amado, hace un par de años, de hecho, yo diría que amé a uno, John, pero la gente, hombres o mujeres, impone exigencias en una situación así, y estando casado, yo no puedo satisfacerlas.

—¿A qué te refieres?

—Bueno, por ejemplo, a alguien que quiere que me quede toda la noche, sencillamente no puedo hacerlo, ¿qué le diría a Alice?

—¿Ella sabe que eres bisexual?

—No.

—¿Estás seguro?

—No.

—¿Alice y tú hablan de sexo?

—Hablamos de todo, pero cuando se tiene un matrimonio que ha durado treinta años, creo que es indudable que cada persona tiene áreas exclusivamente suyas, no importa cuáles sean, pero debe haber algo privado.

—¿Qué es lo privado de Alice?

—No sé, pero lo tiene, pues de lo contrario no me habría mantenido tan interesado todos estos años.

—¿Te gustaría saber qué es?

—Sí y no.

—¿Qué crees que le falta sexualmente a tu vida?

—Tengo una fantasía: conocer a una mujer adorable que esté sola en una playa o una fiesta, de casi cuarenta, inteligente, sexy, y que nos gustemos desde el principio. Soy impotente la primera vez, pero seguimos adelante y la pasamos de maravilla.

—¿Una aventura?

—Una aventura.

—¿Cómo sale todo?

—¿Quieres decir cómo termina?, mal, pero, como dicen, ambos salimos fortalecidos de la experiencia.

—¿Tienes fantasías en las que conoces a un hombre en la misma forma?

—Sí, pero de modo efímero. Los hombres son tan fáciles de conseguir que las fantasías con ellos no son tan amplias, no tienen por qué serlo.

—Si tuvieras que elegir entre una vida homosexual y una heterosexual, ¿cuál escogerías?

—Ninguna, es como pedirle a una persona de origen mixto que elija entre ser italiana o judía, por ejemplo, esa persona es ambas cosas, elegir una o la otra es posible en el sentido de que es posible decidir, pero elijas lo que elijas, seguirás siendo italiano y judío, yo soy bisexual.

Como todos nosotros, Harold G. vive en este mundo y, como todos nosotros, su salud psicosexual está sujeta a las presiones sociales que le salen al paso. Hasta fecha reciente, y a pesar de una vida de constante contacto sexual con mujeres, él creía ser un homosexual de clóset. Siendo un hombre culto e inteligente, no podía ignorar su actividad homosexual racionalizándola, creía ser un homosexual secreto porque, lo mismo que para todas las personas cultas e inteligentes, para él la bisexualidad no existía, pero el ascenso de varios movimientos de liberación le permitió ver la posibilidad de "opciones", como él dice. Si yo lo hubiera entrevistado antes de que tomara conciencia de esto, no me habría parecido un bisexual sano. Lo que lo vuelve sano no es sólo que se desempeñe bien en su trabajo, sea socialmente hábil, pueda intimar profundamente con otros durante periodos largos o incluso ser relativamente feliz, nada de esto bastaría si él siguiera creyendo ser un homosexual de clóset, porque esta opinión implica demasiados conflictos internos para permitir a cualquiera que se le considere sano. Lo interesante es que Harold abandonó sus ideas preconcebidas cuando descubrió su verdad como bisexual, esa falsa impresión le fue impuesta por una sociedad obstinada en la solución de "o esto o aquello" a situaciones personales complejas. Es una lástima que Harold haya tenido que esperar a que llegara la edad madura para adquirir ese conocimiento, pero más vale tarde que nunca.

Claro que Harold G. no es un ser sexual perfecto, nadie lo es, dice que su hermano mayor está atrapado en la vida gay, y que por eso se siente "desesperado"; pero, en cierto sentido, él también está atrapado en su vida con Alice. Aunque la relación entre ambos parece ser excelente, en algunas de sus fantasías y actividades es posible percibir un tono de desesperación. Asimismo, aunque su impotencia no es un obstáculo serio, está ahí, e indica un conflicto sexual, pero en comparación con su generación, él parece un hombre sano y, a últimas fechas, un bisexual sano también.

Hazel C.

Hazel es una delicia, ésa fue mi primera impresión cuando ella apareció hace tiempo en un grupo de debate del Bisexual Forum, mi impresión inicial no ha hecho sino confirmarse desde entonces. He llegado a conocerla bien gracias a su frecuente asistencia al Foro y a nuestra entrevista formal que ella me permitió grabar.

Hazel tiene 29 años y comparte un departamento en un alto edificio de Greenwich Village con Larry, de 33, cuando le pregunté si vivía sola, contestó:

—Estaba tomando un curso nocturno de contabilidad en la New York University y necesité un tutor, Larry me ayudó a sacar A- en esa materia, empezamos a salir, y seis meses después conseguimos ese maravilloso departamento, esto fue hace dos años.

—¿Andabas con alguien más al mismo tiempo?

—No, al menos no en los últimos dieciocho meses, él me satisface tanto que no deseo salir con nadie más, sea hombre o mujer.

—Deduzco que tu relación con él es buena, ¿cuáles son tus planes a futuro como pareja?

—Mi fantasía es estar con Larry el resto de mi vida, estamos pensando en casarnos, pero los dos necesitamos más tiempo. Yo quiero estar segura, y él tarda mucho en aceptar una responsabilidad, aunque cuando la acepta, la acepta, luego está el asunto de que yo sea negra y él blanco, aunque los dos somos muy sensatos a ese respecto.

—¿Quieren hijos?

—Sí, los dos. Si nos casamos, me gustaría traer a mi Richie de Baton Rouge, para que por fin viva conmigo.

Hazel tuvo un hijo, Richie, cuando tenía 16 años, para entonces ya llevaba más dos años con Bill, el padre, aunque no quiso casarse con él, siguieron juntos hasta que ella se fue de Louisiana, a los 18.

—¿Bill fue el primer hombre con el que tuviste relaciones sexuales? —pregunté.

—Sí, comencé a andar con él a los catorce, me enseñó mucho, me hizo sentir a gusto con el sexo, de él aprendí casi todo lo relacionado con mi vida sexual y mi trato con los hombres. Él me gustaba mucho, pero los dos salíamos con otras personas al mismo tiempo y aunque Richie nació, yo no quería atarme a Bill, más aún, no quería quedarme en Baton Rouge.

—¿Por qué?

—Por mi mamá, tenía que apartarme de ella, tiene una mentalidad religiosa muy conservadora, y un estilo muy dominante para expresarla, estaba encima de mí todo el tiempo, no me dejaba en paz, creía tener la razón en todo, así que en 1966 me harté, de veras me harté. Tomé mis cosas y me vine a Nueva York, mi hermana, mayor que yo, me ayudó mucho. Crió a Richie, con ayuda de mi madre, él ya tiene trece años, es un muchachote, mi hermana lo hizo muy bien. La Navidad pasada estuvimos juntos mucho tiempo, platicamos de que se vendrá a vivir conmigo ¡tengo tanta ilusión de eso!

—¿Qué hiciste cuando llegaste a Nueva York?

—Bueno, nada más tenía dinero para un mes, así que de inmediato conseguí empleo como sirvienta de planta en New Rochelle. Te imaginarás el gusto que me dio, después de haber dejado a mi mamá para no tener que recibir órdenes, pero al segundo día conocí a un hombre diez años mayor que yo. Tres meses después nos fuimos a vivir juntos, y tres meses más tarde nos peleamos horrible, él era muy estricto, yo era "su mujer" y esas cosas. No lo podía creer, era como vivir en casa de nuevo, no me podía mover, no podía hablar con nadie, con nadie, los celos lo volvían loco. Una noche en que él no estaba, empaqué mis cosas y me fui, me alojé con una amiga que tenía un estudio.

—¿Cuántos empleos has tenido aquí?

—Ocho, en los últimos once años, de todo tipo, aunque han ido mejorando: nana, recepcionista, asistente de oficina, secretaria. Ahora soy secretaria ejecutiva del presidente de una corporación, me agrada, es una empresa mediana, así que no me pierdo en ella como un número, ahí soy una persona.

—¿Con cuántos hombres has andado desde que empezaste a salir con ellos?

Extendiendo las manos tanto como su sonrisa, contestó:

—Muchos, tal vez cerca de cien me resulta muy fácil conocer hombres, les parezco atractiva, y ellos dan el primer paso y como no soy tímida, yo también me acerco, si me interesan.

—¿Todas tus relaciones han sido cortas?

—La mayoría, menos las tres importantes, con los tres hombres que amé y que amo: Larry, con quien vivo ahora; Bill en Baton Rouge Y Craig. Seguí a Craig a California por un año, cuando lo mandaron a trabajar allá, terminé viviendo cuatro años con él.

—¿Fuiste monógama estando con Craig?

—Los dos lo fuimos los tres primeros años, él es bisexual, y yo era apenas su tercera mujer, pero nos llevábamos bien. El último año, él andaba con hombres de vez en cuando, de hecho, fue él quien me presentó a Jane, la primer mujer con la que hice el amor.

—¿Con cuántas mujeres has andado desde entonces?

Tomó un sorbo de su Coca y subió las piernas al sofá.

—Déjame ver… Conocí a Jane en 1974 y un año después lo hicimos, sólo nos acostamos dos veces antes de que yo regresara a Nueva York. Aquí hice el amor con otras dos mujeres antes de conocer a Larry, así que han sido tres mujeres y cuatro experiencias lésbicas.

—¿Las mujeres te atraen físicamente?

—Sí, algunas me gustan con sólo verlas caminar en la calle, en especial sus pechos; un escote que deje ver unas bubis grandes me vuelve loca, también los muslos de las mujeres.

—¿Disfrutas más el sexo con un hombre o con una mujer?

—Con los hombres, las mujeres no me satisfacen, supongo que

se debe a que disfruto la penetración profunda en la vagina, con gran intensidad. Jane lo hacía con los dedos, pero no era tan satisfactorio como con un pene. A las mujeres me gusta tocarlas y sentir su carne, en especial los senos, me gusta acariciarlas y chuparlas, besarlas también, de hecho, soy muy activa tanto con hombres como con mujeres en la cama, me gusta tomar la iniciativa y estar arriba, aunque también disfruto otras posiciones, como ponerme a gatas y que me den desde atrás.

—¿Con qué frecuencia tienes relaciones sexuales?

Sonrió.

—Depende del humor de Larry, y también del mío, supongo, pero, en promedio, cuatro o cinco veces a la semana, a los dos nos gusta el sexo, y nos gustamos uno a otro.

—¿Cuándo te consideraste bisexual por primera vez?

—En California, con Craig, tratábamos con un montón de gays y lesbianas. Siempre me había considerado hetero, pero luego tuve que entender mentalmente el rol de lesbiana, no quería ahuyentar a las mujeres, en especial a Jane, que me atraía mucho. Todo se aclaró cuando me di cuenta de que soy bisexual, esto me permitió hacerlo con Jane la primera vez.

—¿Dónde crees ubicarte en la escala de Kinsey?

(Véase la pág. 15 para una explicación de la escala hetero/homosexual de Kinsey.)

—Filosóficamente, estoy justo en medio, en el cuatro, mitad y mitad. Aunque tengo una experiencia mucho más amplia con los hombres, estoy abierta a las mujeres en igual grado. Si Larry y yo llegáramos a separarnos, creo que yo podría amar y vivir con una mujer, de hecho, un comentario de mi terapeuta hace años influyó mucho en mí. Me dijo que cuando se quiere dar o recibir amor, no importa el sexo de la persona de quien se le obtenga.

—¿Cuánto tiempo estuviste en terapia?, ¿por qué la empezaste?

—He ido y venido de ella desde 1972. Estoy en un grupo desde hace año y medio, la inicié porque comencé a tener ataques de llanto y no sabía el motivo. Una amiga que estaba en terapia me recomendó buscar ayuda, y lo hice. Iba a consulta con un sullivaniano que me ayudó mucho a entrar en contacto con mis sentimientos, en especial con mi enojo reprimido contra mi madre y contra mi jefe de entonces, que había puesto reglas muy estrictas en el trabajo. Entrar a terapia fue una decisión excelente, mis relaciones mejoraron, todo.

—¿Te consideras sana?

Sonrió, hizo una pausa y dijo:

—Si me lo hubieras preguntado en 1972, habría contestado que soy al menos un poco neurótica, pero hoy, si usáramos una escala de salud del uno al diez, yo diría que estoy en el nueve, cerca del nivel más alto.

—¿Quiénes saben de tu bisexualidad?

—Larry, por supuesto, mi mejor amiga, que también es bi, todos mis demás amigos gays y bis, algunos de mis amigos heteros, aunque no los dos más cercanos. De mi familia, sólo mi hermano Phil, en realidad, se lo dije apenas este año. Lo fastidian mucho en la escuela con eso, aunque no ha tenido ninguna experiencia homosexual, y el tema surgió naturalmente en la conversación, de hecho, le sorprendió saber que en Nueva York hay gente que no habla pestes de ti por el hecho de que seas gay o bisexual, en Louisiana todos lo hacen, según él, y le creo.

—¿Ser negra afecta este aspecto de tu vida?

—Desde luego, específicamente, tengo problemas con muchos negros, les huyo, aunque algunos me gusten mucho, pero son muy machos y su lema es "¡Eres mujer y tengo algo para ti!", no necesito esas sandeces.

—Una última pregunta: ¿por qué, si sólo andas con Larry, vienes casi cada semana a debates del Bi-Forum?

Hazel contestó sin vacilar:

—Porque aquí puedo expresarme abiertamente con hombres y mujeres en un nivel emocional, puedo hablar con franqueza de mi lado gay sin tener que restar importancia a mi relación con los hombres en general, y con Larry en particular, me siento a gusto, abierta, y sé que la gente entiende, y que está bien sentir y ser como soy…

Hazel es abierta y se siente relativamente a gusto consigo misma. En su interacción con los demás en las reuniones, muestra seguridad, es comprensiva y transmite sentimientos cálidos por la gente y hacia la vida en general. Ha crecido psicológicamente en los últimos diez años, y está abierta a más cambios positivos y más crecimiento en el futuro. Es apreciada por muchos, y querida por sus amigos especiales. Una bisexual sana, una mujer encantadora.

Jane O.

Jane O. no es paciente mía, pero en cuatro entrevistas formales compartió conmigo sus fantasías e historia sexual. Se trata de una mujer atractiva de 38 años de edad, un tanto rolliza, lo regordeta le sienta bien: complementa una naturaleza abierta y generosa. Se casó joven, a los 17; tuvo varias aventuras estando casada, y se divorció después de 20 años de matrimonio.

—¿Eres de San Francisco? —le pregunté.

—Sí, mi papá trabajaba en una gran corporación multinacional, cuando yo tenía doce años, lo nombraron vicepresidente general, y todos nos mudamos a Nueva York.

—¿Todos?

—Sí, mi papá, mi mamá, mis dos hermanos y yo.

—¿Fue un cambio afortunado?

—No me molestó, me gustó el este, me gustó Nueva York. Mi papá era un pez gordo en el mundo de los negocios, y como hija suya, eso me benefició socialmente, no me fue nada mal, los que sufrieron fueron mis hermanos.

—¿Por qué?

—Eran la esperanza de inmortalidad de mi padre, y él la hizo de patriarca con ellos, siempre debía tener el control, y los controló con mano de hierro. Como yo era mujer, mi papá me dejó más o menos en paz, y aunque entonces lo detesté por eso, ahora me doy cuenta de que, gracias a que fui mujer, estuve en libertad de ser yo misma. Mi mamá es linda, pero también es una mujer apagada y pasiva. El hecho es que me casé joven para huir de los dos, y de lo que mi papá estaba haciendo con mis hermanos.

—¿Eres la menor?

—No, soy dos años menor que Walt y cuatro mayor que Andrew.

—¿Cómo te llevas con ellos ahora?

—Walt y yo somos muy unidos. Andrew trabaja con mi papá, que actualmente es vicepresidente ejecutivo.

—¿Así que Walt y tú marcaron distancia?

—Sí, Walt es ingeniero en Boston, no tiene relación con nadie de la familia más que conmigo. Él está muy bien, también es bisexual, por cierto.

—¿Y Andrew?

—Siguió el camino recto, como mi papá.

—Así que te casaste pronto…

—Sí, tenía diecisiete años, era joven, simpática y rica. Él tenía veinticinco, acababa de salir de la escuela de leyes, era brillante, de buena familia, mi papá lo aprobó y yo lo quería, se llamaba, bueno, se sigue llamando Joe.

—¿Y la universidad?

—Fui un año a Columbia, pero llegó el bebé y deserté para ser mamá, me gustó ser mamá, no me arrepiento de eso, para nada. ¿Creerías que soy abuela?

Me enseñó una foto de su nieto, de seis meses de edad, sentado en una periquera, con sus padres a los lados.

—Son mi hijo y su esposa. Tengo otro hijo, soltero, está en la universidad.

—¿Cómo se sienten ellos por lo del divorcio? —le pregunté, devolviéndole la fotografía.

—Nada mal. Lo que me imagino que no les hace ninguna gracia es el hecho de que yo viva ahora con una mujer, no se lo esperaban, supongo que no lo pueden creer, pero pienso que los hijos no pueden imaginar siquiera que sus padres tengan sexo de algún tipo. Con su padre tuve una maravillosa vida sexual, te aseguro que en este momento podría irme a la cama con él y pasarla bien, aunque desde luego jamás lo haría.

—¿Por qué lo dejaste?

—¿Lo *dejé*? —preguntó riendo—. ¡Él fue el que me dejó!, mira, el nuestro no nunca fue un buen matrimonio.

Hizo una pausa, sacudiendo la cabeza.

—Bueno, eso no es del todo cierto, fuimos buenos padres y nos quisimos al menos los primeros ocho o diez años, pero nos entrampamos, el amor no basta, el sexo no basta, tiene que haber… —juntó las manos, apretando ligeramente las yemas de los dedos— tiene que haber cercanía, intimidad, calidez, comprensión. Cercanía, —dobló y entrelazó los dedos— cercanía, ¿entiendes a qué me refiero?, Joe y yo teníamos todo menos intimidad, él era y es un hombre muy ocupado y exitoso, es un hombre público, tiene la necesidad de llegar a tanta gente como le sea posible, en realidad, es un político. A mí las personas me gustan una por una, o las familias. Si las cosas están bien entre otra persona y yo, yo estoy bien, Joe tiene que estar bien con el mundo. La cercanía con una persona le asusta, así que durante años lo empujé a la intimidad hasta que llegó el momento en que él tuvo que amarme o dejarme y, siendo Joe, me dejó.

Un día atravesé la puerta y se acabó. Él se casó con su secretaria, si puedes creerlo, joven y bonita, no lo culpo, ¡caray! Él nunca pudo ser lo que yo necesitaba, al principio me dolió, hasta los huesos, ya sabes, pero después empecé a darme cuenta de algo: era libre. Mis hijos habían crecido, mi esposo ya no estaba a mi lado y, ¡vaya!, estaba en libertad de echar un vistazo a ver si encontraba lo que tanto había buscado y que nunca pude obtener de Joe. De casada fantaseaba con otras personas, eso fue lo que me llevó a mis aventuras, todas ellas con hombres, nunca significaron gran cosa. Eran sólo la manera de pasar la tarde de un ama de casa aburrida.

—¿Quieres hablar de ellas?

—No en realidad.

—¿Crees que sean pertinentes para tu bisexualidad?

—Supongo que todo lo sexual es pertinente en esta conversación, así que déjame ver, ¿qué te puedo decir?, hubieron cuatro hombres en un periodo de veinte años, cuando lo pienso ahora, parece que todo el sexo ocurrió en coches, cines, moteles, sexo de prisa, a veces satisfactorio, a veces no, pero que llenaba o mataba el tiempo. Una vez me ligué a un hombre en Grand Central Station, nos vimos durante dos años, cada dos semanas, más o menos, también él estaba matando el tiempo…

—¿Quisiste o amaste a alguno de esos hombres?

—Jamás lo sabré, porque mi amor… mi lealtad era para Joe. Pensé que Joe y yo nos encontraríamos uno a otro algún día, así que nunca di mucho de mí al amar a otros hombres, aunque claro que me gustaban.

—¿Joe tenía aventuras?

—Seguro las tuvo, y claro que con su secretaria.

—¿Por qué elegiste el sexo como una forma de matar el tiempo?

—El sexo era una de tantas maneras de hacerlo, también jugaba tenis, redecoraba la casa de campo cada seis meses, viajaba, escribía poesía… aunque en cierta forma nada de esto era matar el tiempo. El sexo era una manera de hacerlo, el sexo con hombres, ellos en cierto modo lo exigen, así que si quieres pasar tiempo con un hombre fuera de tu matrimonio, el pretexto es el sexo. Muchas veces me habría bastado con dar un largo paseo en el coche y platicar, estar con un hombre, pero eso es más difícil de justificar que el sexo, supongo, porque la verdad no lo sé, lo que sí sé es que con las mujeres fue distinto.

—¿Tu vida bisexual comenzó durante tu matrimonio?

—No la considero una vida bisexual exactamente, pero sí, así fue, luego de quince años de matrimonio.

—¿Recuerdas un incidente específico, o primero apareció en tus fantasías?

—Es difícil saberlo. Cuatro años antes de divorciarme, pasé un fin de semana con una compañera de la universidad, no nos habíamos visto en años, hicimos un viaje otoñal por Vermont hasta la frontera con Canadá, parando en pequeñas posadas y pasándola bien en la intimidad, nunca habíamos intimado tanto. Creo que el clima y la época del año tuvieron algo que ver con eso, estaban cayendo las hojas, y todos los días eran "perfectísimos", como no nos cansábamos de repetir entonces. Hablamos y hablamos y nos paseamos y reímos… ¡cuánto reímos! En una posada en Woodstock, Vermont, dos hombres muy guapos nos invitaron a cenar, nos agradaron, pero rechazamos cortésmente su invitación, luego nos preguntamos por qué ¡eran hombres atractivos e inteligentes, por favor!

—¿Qué concluyeron?

—Que no quisimos diluir lo que estábamos viviendo, no quisimos perdernos la una a la otra en un juego competitivo con el sexo opuesto.

—¿Necesariamente habría sido así?

—No, pero suele suceder entre hombres y mujeres, hay que formar parejas, y ver quién se va a quedar con quién. Por lo general los hombres son los que deciden, y antes de que aquello acabe ya perdiste a tu amiga a manos de un amante de una noche. Pienso en todas las veces que traicioné a una amiga por la momentánea atención de un hombre, y en todas las veces en que fui traicionada.

—¿En la guerra y en el amor todo se vale?

—Exactamente, y es horrible, los hombres también se traicionan entre sí por mujeres, no debería ser.

—¿Tú y tu amiga se volvieron amantes?

—¡Ay, no!, no pasó nada, aunque yo hubiera querido que pasara. Cuando volví a casa (ella vive en Texas), pensaba en ella. Una tarde me puse a pensar en sus manos, nada menos, tiene unas manos preciosas, y de repente me estaba masturbando y pensando en ella. Antes, cada vez que me masturbaba era porque Joe estaba en viaje de negocios, y entonces pensaba en hombres, aunque en forma vaga imaginaba a un hombre poseyéndome en el piso de la cocina o detrás de una máquina en la lavandería, locuras así, pero en el caso de mi amiga, imaginé que estábamos en la cama, amándonos y acariciándonos y besándonos horas enteras, fue delicioso, pero jamás lo hicimos, no la volví a ver nunca.

"Seis meses después, Joe no estaba y conocí a una mujer en el Museum of Modern Art, compartimos una mesa en la cafetería. Y congeniamos de maravilla, hicimos una cita para comer la semana siguiente, me llevó a su departamento, y te juro que a los diez minutos ya estábamos en la cama y ¡wow!

—¿Esa fue tu primera experiencia sexual con una mujer?

—Sí.

—¿Cómo te sentiste?

—Bien, me sentí bien. Sentí una nueva parte de mi ser, ¡vaya, fue glorioso!

—¿Duró?

—No, ella se mudó a Carolina del Norte, no pasó de ahí por un buen rato. Después de divorciarme conocí a un hombre que me gustó muchísimo, un ejecutivo de cuenta de una de las grandes agencias de publicidad, era un hombre dulce, muy sexy y considerado. Hizo correr la voz y conseguí un empleo en una galería de arte. Durante tres o cuatro meses, fue realmente intenso, aunque difícil, porque él estaba casado, yo no quería lastimar a una mujer como me habían lastimado a mí, así que, luego de mucho desgaste emocional, rompí con él, fue duro, porque él me gustaba bastante, pero si no tienes cuidado acabas peor que como empezaste. Más que encontrar un amante quería encontrarme a mí misma, lo que para mí significa hallar a la pareja indicada. Una tarde llegó una muchacha a la galería, tenía como veinticuatro años y nos enfrascamos en una conversación muy interesante, hicimos cita para cenar y tuvimos algo bonito por un tiempo.

—¿Sexo?

—Sí.

—¿Cómo era?

—Rico, pero otro mero relleno, en él había de todo menos eso, ¿sabes?, sencillamente no había cercanía.

—¿Hubo cercanía con el hombre de la agencia de publicidad?

—Sí, muchísima, por eso fue tan difícil dejarlo.

—¿Seguiste viendo a aquella muchacha?

—Sí, y por medio de ella conocí a Sue, fue en la inauguración de una exposición y… bueno, semanas más tarde yo estaba enamorada, me enamoré de Sue como me había ocurrido con Joe años antes, exactamente igual.

—¿Sue tiene mucho en común con Joe?

—No, nada. Ella es tan distinta de él como puede serlo un hombre de una mujer, no sé por qué nos enamoramos, pero sucedió, quizá sea la mejor relación que yo haya tenido jamás.

—¿Aún fantaseas con hombres?

—¡Claro! Depende de dónde esté mi cabeza en un momento dado, aunque en la actualidad ya me masturbo muy poco, supongo que ahora ando metida en la vida lésbica, los fines de semana salgo con Sue y otras mujeres, compartimos una casa en los Hamptons en verano, es muy grato. Tengo muchas amigas lesbianas, la sensación de camaradería entre las seis u ocho que somos es nueva y maravillosa.

—¿Te habrías imaginado hace diez años haciendo lo que haces ahora?

—¡Ay, no! —contestó entre risas— ¿No es increíble la vida? Nunca se detiene.

—¿Ahora te consideras homosexual?

—En realidad, no, esa etiqueta no me gusta.

—¿Te consideras heterosexual?

—Tampoco esa etiqueta me gusta, supongo que prefiero concebirme como bi, aunque también es una etiqueta, ¿no es así?, pero mira, ¿de veras importa?, he amado tanto a hombres como a mujeres en mi vida, soy una enamorada, digamos que soy una enamorada, ¿te parece?…

Claro que sí.

Jane O. ha demostrado ser capaz de amar a hombres y mujeres y de disfrutar el sexo con unos y otros. Esto no quiere decir que no tenga algunos patrones neuróticos, que se manifiestan en sus comentarios; por ejemplo, restó importancia a su relación con Joe (que tuvo una duración de 20 años), lo cual genera interrogantes, y tras su observación acerca del "ama de casa aburrida" hay más dolor del que ella quiso exhibir. Pero aun si ella no hubiera buscado amor en las mujeres, es probable que todos estuviéramos de acuerdo en su sana capacidad para iniciar una relación significativa, sin embargo, Jane no es "patológica" por haber hecho eso. Las posibles razones o motivos de una decisión así son muchos; pero sean cuales fueren, si una persona muestra ser apta para hallar significado, intimidad profunda y felicidad en sus relaciones, sin duda merece que se le considere psicosexualmente sana.

PARTE III:
EL BISEXUAL EN LA SOCIEDAD

Capítulo 8
Hallazgos sociológicos

La sociología es el estudio de los seres humanos en grupos, en comunidades de todo tipo: centrales o marginales, privilegiadas u oprimidas, "superficiales" o "subterráneas". En el nivel de la sexualidad, homosexuales y heterosexuales componen comunidades así, éstas se empalman entre la vida profesional y familiar, pero, sexualmente al menos, las líneas de demarcación son claras, sin embargo, ¿por qué habría de ser así?

"Más vale valla que bulla", aconseja el granjero de Robert Frost, pero Frost cuestiona eso. *¿Por qué* es preferible la valla que la bulla?, no obtiene respuesta del granjero, que no habla por prudencia, sino por temor.

Hombres y mujeres homosexuales formaron sus propias comunidades porque no tenían cabida en el orden establecido, no podían integrarse plenamente a ese orden sin perder su identidad individual como hombres y mujeres: como seres humanos. Se rebautizaron entonces como "gays" y "lesbianas", nombres que preferían a los del mundo hetero de "loca" y "tortillera" (aunque desde luego, algunos han readoptado desafiantemente estos términos).

Un hombre que opera libremente en los mundos homosexual y heterosexual puede optar por definirse como bisexual y no necesita formar una subcultura propia o incorporarse a ella, no necesita vallas, puede vivir en esas dos comunidades, yendo y viniendo de una a otra conforme a sus necesidades o deseos. Aunque podría decidir ocultar su "mariconería" a los heteros y su "conducta de clóset" a los gays, no necesariamente tendría que pertenecer a una comunidad bisexual, está entre los suyos cuando está entre *seres humanos*.

Esto no quiere decir que no exista necesidad de una comunidad bisexual, la hay, pero no por las mismas razones por las que los hombres y mujeres homosexuales crearon su subcultura. Los homosexuales se reúnen en grupos en busca sobre todo de protección y apoyo mutuo. Los bisexuales pueden sobrevivir en el bando heterosexual, en el homosexual o en ambos, lo que los convierte en sujetos elusivos para el sociólogo. Si en verdad hubiese una comunidad bisexual, es indudable que no habría tan pocos estudios sociológicos sobre el tema.

Philip W. Blumstein y Pepper Schwartz, del Department of Sociology de la University of Washington, llevaron a cabo un extenso trabajo sociológico sobre la bisexualidad y que dieron a conocer en *Sexual Deviance and Sexual Deviants* (Anormalidad sexual y anormales sexuales), informan estos autores:

> Sabemos que muchísimas personas tienen relaciones sexuales con individuos de uno u otro sexo, es raro que afirmen dividir su atención y compromiso en partes iguales (y de ahí lo engañoso del término "bisexual"), pues cada uno de esos dos tipos de experiencia sexual tiene para ellas una importancia diferente. Pese a la existencia documentada del gran número de personas bisexuales, uno se ve en apuros para encontrar bibliografía científica sistemática sobre el tema de la bisexualidad. El psicoanálisis, por ejemplo, ya se pronunció sobre el asunto: es irrelevante.
>
> Los analistas freudianos ortodoxos no creen que la bisexualidad exista como entidad clínica; una persona es heterosexual u homosexual, la autoidentificación expresa de esa persona no importa, salvo como síntoma de incapacidad para entender la verdadera sexualidad propia. Irving Bieber sentenció: "Concibo dos categorías claramente diferenciadas: heterosexual y homosexual... Son categorías... mutuamente excluyentes, que no es posible colocar en el mismo *continuum*... Un hombre es homosexual si su conducta es homosexual. La autoidentificación no es relevante..."
>
> La comunidad lésbica ofrece un contrapunto perfecto, en ella, la afirmación de una identidad bisexual no obtiene validación comunitaria, sino numerosas reacciones negativas, más aún, es precisamente en esa comunidad en la que las mujeres aprenden a "comprender" su sexualidad, las motivaciones por atribuirse a sí mismas y los límites de lo sexualmente posible, lo sexualmente probable y lo sexualmente imposible. En este contexto se aprende

que la bisexualidad es posible, pero infrecuente, y que en términos reales constituye una incapacidad para entender el "verdadero" lesbianismo de fondo.

Vemos entonces una razón del porqué los bisexuales no hayan formado una comunidad. El estigma de la conducta homosexual en el mundo heterosexual y la equivalente intolerancia a la conducta heterosexual en el mundo homosexual hacen sentir a la mayoría de los bisexuales que no tienen otra opción que hacerse pasar por una u otra cosa, según los valores del bando en que se encuentren, aun así, bien podría ser que necesiten una comunidad tanto como cualquier otra persona..

Del 2 al 6 en la Cuadrícula de Orientación Sexual de Klein (COSK) -es decir, de principalmente heterosexual (2) a principalmente gay/lesbiana (6) -, la gama de posibilidades bisexuales es tan amplia que suele resultar incomprensible para los heterosexuales y los homosexuales. Esa gama de posibilidades se ha abierto y ampliado gracias al relajamiento de la auto-represión sexual, de ahí la mayor apertura y flexibilidad ante el género de sus parejas sexuales por parte de los bisexuales, tanto aquellos cuyo principal foco sexual son las mujeres e incidentalmente los hombres, como aquellos cuyo principal foco sexual son los hombres e incidentalmente las mujeres. Esta gama incluye a los bisexuales cuyo foco se divide casi en partes iguales entre hombres y mujeres, así como a los individuos de bisexualidad secuencial (los que, por ejemplo, tras separarse de una pareja de un sexo, viven con una del otro sexo).

Sexual Behavior in the Seventies (La conducta sexual en los años setenta), de Morton Hunt, no menciona siquiera la conducta bisexual en sus índices general y analítico, sin embargo, sería inexacto afirmar que Hunt no *considera* la conducta bisexual, lo hace, pero la llama homosexual:

> "Algunos supuestos bisexuales, como ya se señaló, son básicamente homosexuales, pero buscan minimizar sus conflictos y anormalidad teniendo episodios heterosexuales ocasionales".

Pese al calificativo "algunos" al principio de la oración, Hunt continúa así:

> "Otros han tenido un período bisexual en el que, por muchas

razones, siguieron creyendo o esperando ser heterosexuales, aunque al final reconocieron que su verdadera orientación era hacia personas de su mismo sexo".

Estos enunciados son engañosos, alimentan el mito de la inexistencia. En realidad Hunt alude a algunos de los bisexuales situados en el número 5 o 6 de la COSK (predominantemente gays/lesbianas) y desde luego que no menciona en absoluto al "supuesto bisexual", básicamente heterosexual, que busca minimizar sus conflictos teniendo episodios homosexuales ocasionales (número 2 o 3 de la COSK). La heterosexualidad, que muchos médicos y sociólogos representan como la opción superior, jamás se considera posible fuente de conflicto personal. Yo sugeriría una lectura o relectura de *Women in Love* (Mujeres enamoradas), de D. H. Lawrence, como ejemplo de conflicto heterosexual (véase pág. 156). El conflicto del individuo ubicado en el número 2 o 3 bien puede ser distinto al del situado en 5 y 6 —el primero tiene más probabilidades de vivir en la comunidad heterosexual—, pero puede estar presente de todas formas.

Una ilustración conmovedora de esta diferencia es la historia que contó un joven californiano actualmente residente en Nueva York (junto con la mujer que ha sido su pareja durante cuatro años). Él tiene 26 y ella 24. En una reunión del Bisexual Forum, el moderador les preguntó si eran bisexuales, ella lo negó sacudiendo la cabeza, y él lo afirmó bajándola, el chico intentó hablar, pero los ojos se le llenaron de lágrimas, la joven habló entonces por él: "Vivimos juntos desde hace cuatro años, y estamos muy enamorados, puedo asegurar sin reservas que Sydney es un amante magnífico, y que no tenemos ningún problema en ese sentido, es ardiente y cariñoso, y somos muy felices."

Se volvió hacia él. El muchacho se había recuperado un tanto y tomó la palabra: "Soy bisexual. Desde hace mucho tiempo he fantaseado con intimar emocional y físicamente con un hombre, pensé entonces que debía de ser homosexual, pero me seguían gustando las mujeres, en especial Debbie, la quiero mucho, y la deseo en todas las formas posibles; ¿cómo podía ser homosexual? Mi necesidad de estar con un hombre no ha modificado nunca lo que siento por las mujeres ni mis fantasías con ellas, pero esa necesidad era real, y me estaba volviendo loco, la escondí y la escondí hasta que…no sé, no pude más. Hace un año me abrí de capa con un hombre con quien me unía una fuerte amistad de seis años, le dije que quería… pues intimar con él, pero huyó y la amistad se acabó, no quiso volver a verme nunca, y pensé que yo tenía que ser un monstruo para haberlo hecho huir de esa manera, no lo he vuelto a ver desde entonces, y eso que éramos muy amigos. Se lo conté a Debbie, tenía que decírselo a alguien, ella fue maravillosa, es maravillosa, me dijo que, con el tiempo, conseguiría otro amigo. Y tenía razón, hace tres meses conocí a un tipo, y él fue a cenar a nuestra casa y congeniamos a la perfección, pero hace dos semanas pasó lo mismo que con mi otro amigo, y éste también se fue. Cuando le hablo por teléfono, me cuelga, esto me dolió, me hizo sentir culpable. Le dije a Debbie que seguramente tenía que ser homosexual, pero me dijo que ella sabía mejor que nadie que no lo soy y que, -en este momento se le volvió a hacer un nudo en la garganta-, entonces he de ser bisexual. Cuando me lo dijo, supe que era cierto, completamente cierto, por eso estoy aquí."

Las investigaciones sobre bisexualidad enfrentan tres dificultades básicas: Las investigaciones sobre bisexualidad enfrentan tres dificultades básicas:

• El mito de la inexistencia,

• La dificultad de interpretar los hallazgos sociológicos y

• La confusión de etiquetas e identidades, incluida la autoidentificación.

¿Cuáles son algunos de esos hallazgos sociológicos?, ¿qué tipo de población hemos estado describiendo?, ¿cuántos bisexuales hay?, ¿cuántos de ellos son bisexuales en activo y cuántos históricos?, ¿cuántos han tenido experiencias bisexuales reales y cuántos únicamente fantasías bisexuales?

En el capítulo 2 describimos a Kevin y la dificultad de interpretar sus estadísticas. Como vimos, en las siete variables de orientación sexual, él resultó ser 6, 4, 7, 1, 4, 2 y 5 (véase pág. 19), estos números describen a Kevin únicamente en el presente; con toda probabilidad, su historia pasada y su ideal nos darían valores distintos de orientación sexual.

Para complicar aún más el asunto, es muy difícil hallar estudios socio-sexuales sobre bisexuales, y las interpretaciones de los resultados de los disponibles están plagadas de problemas. Los mismos métodos de muestreo y técnicas de entrevistas dan resultados diferentes aun con las mejores intenciones, e incluso en manos de investigadores brillantes, pero, pese a todo, tales estudios son útiles. Cuando se les interpreta con moderación y prudencia, pueden producir conocimientos y ofrecernos bases provechosas, así que dejemos por el momento el problema de la medición de los muy diversos grados y cambios de la conducta bisexual individual y ocupémonos en cambio de la "comunidad bisexual" en general.

¿Cuántos bisexuales hay?, ¿qué porcentaje de la población es bisexual? Existen varias populares nociones sobre estas preguntas, algunos dicen que no hay bisexuales en absoluto (la teoría de la inexistencia), otros cuentan menos bisexuales que homosexuales y otros más creen que todos somos bisexuales, lo cierto es que alrededor de 15 por ciento de la población masculina es definible en la escala de Kinsey como bisexual, si nos atenemos a un periodo de tres años en la vida de los individuos a los que ese autor entrevistó, mientras que la población femenina lo es en la mitad de ese porcentaje, es decir en 7 u 8 por ciento. Esto significa que, en términos conservadores, hay 25-30 millones de bisexuales en Estados Unidos. Un análisis detallado de estas cifras se hallará en la Nota 1, al final de este capítulo, en la página 128.

En 1993, John Billy *et al.* determinaron, en una encuesta aplicada a más de 3 300 hombres de entre 20 y 39 años de edad, que el 2.3 por ciento de ellos habían participado en actividades sexuales con personas de su mismo género en los diez años previos, y que el 1 por ciento reportó haber sido exclusivamente homosexual en ese intervalo. Esa cifra es muy inferior a la establecida por Kinsey, y ligeramente inferior a la fijada en investigaciones recientes llevadas a cabo en Gran Bretaña, Francia y Dinamarca, que revelaron que entre 3 y 4 por ciento de los hombres estudiados habían tenido alguna vez una pareja homosexual.

Las cifras sustentan el hallazgo de que hay más bisexuales que homosexuales, entre dos y once veces más, dependiendo de quién cuente y cómo lo haga (véase Nota 2, pág. 133)

Cualquiera que sea la cifra exacta, en mi opinión debe de ser muy grande, quizá de entre cinco y diez veces más bisexuales que homosexuales.

La Nota 3, pág. 133, describe estudios que sugieren que 50 por ciento de los hombres "homosexuales" y más de 75 por ciento de las mujeres "homosexuales" han tenido experiencias sexuales con personas de uno y otro género.

Un bisexual que se relaciona en un plano emocional y sexual tanto con hombres como con mujeres bien podría desear casarse, y efectivamente hacerlo en muchos de los casos, si no es que en la mayoría. Acerca del número de casados que son bisexuales, las cifras varían entre un 2 y un 10 por ciento, con mayor proporción de hombres que de mujeres. El porcentaje de separados y divorciados que son bisexuales es similar al de los hombres y mujeres bisexuales en el total de la población (véase Nota 4, pág. 135).

El bisexual casado que desea ser monógamo debe evitar relaciones extramaritales no sólo con personas del género opuesto, sino también con las de su mismo género, pero, ¿en verdad lo hace?, ¿practica la fidelidad tanto como el heterosexual casado? Un mito sobre los bisexuales sostiene que se acuestan en forma indiscriminada, y a menudo con personas de su mismo sexo, aunque no disponemos de estadísticas exactas sobre esto, en general puede decirse que es probable que los y las bisexuales tengan más relaciones extramaritales que sus equivalentes heterosexuales. En referencia a la población en su conjunto, las cifras indican que 50 por ciento de los hombres y 20 por ciento de las mujeres han tenido relaciones sexuales fuera del matrimonio, mi experiencia me dice que las cifras correspondientes a los bisexuales son indudablemente más altas. El bisexual casado y con contactos homosexuales es relativamente común, la bisexual en el mismo caso lo es menos, aunque, con base en una muestra no aleatoria, Janet Bode determinó en *View from Another Closet* (La vista desde otro clóset) que únicamente el 33 por ciento de las mujeres entrevistadas admitieron haber tenido relaciones monógamas consecutivas.

Hunt halló que sólo el 20 por ciento de los cónyuges de individuos con relaciones extramaritales en la población en general, sabían de ellas. En cuanto a los bisexuales, es probable que la proporción sea menor si el cónyuge ignora por completo la inclinación bisexual de su pareja, y mayor si está al tanto de ella o ambos miembros del matrimonio son bisexuales.

Me gustaría subrayar, sin embargo, que no todos los bisexuales, de ninguna manera, sienten la necesidad de tener relaciones sexuales con personas de uno y otro género en cualquier momento, también a muchos homosexuales, así como a heterosexuales, les satisface por completo una relación primaria profunda. El estudio de McWhirter y Mattison sobre parejas homosexuales reveló que algunos hombres habían vivido hasta quince años con mujeres antes de optar por parejas masculinas. Como grupo, sin embargo, la mayoría de los homosexuales eran expresamente no monógamos.

En su investigación sobre homosexuales, Weinberg y Williams los compararon con bisexuales (6 y 7 vs. 3-5 en la escala de Kinsey). Descubrieron que éstos tenían más relaciones sexuales con mujeres y más probabilidades de haber estado casados y que, como cabía esperar, tenían menos relaciones exclusivamente con homosexuales. Los bisexuales ocultaban su componente homosexual más que los homosexuales, y esperaban poca discriminación del mundo heterosexual. Weinberg y Williams no hallaron datos que sustentaran la tesis de que los bisexuales tienen más problemas psicológicos.

Entre 1973 y 1975, los doctores Blumstein y Schwartz entrevistaron a 150 hombres y mujeres bisexuales para estudiar la conducta e identidad bisexual. Su hallazgo más sistemático sobre los dos sexos indicó que existía "escasa relación coherente entre el grado y 'mezcla' de las conductas homosexual y heterosexual en la biografía de una persona y su decisión de catalogarse como bisexual, homosexual o heterosexual." Algunos individuos con poca o nula experiencia homosexual se identificaron como bisexuales, mientras que otros con considerable actividad bisexual lo hicieron como hetero u homosexuales.

No es de sorprender que las bisexuales resultaran ser más románticas que los bisexuales, cuando se relacionaban con otra mujer, las mujeres se catalogaban como lesbianas; cuando lo hacían con un hombre, se catalogaban como heterosexuales. Si no tenían compromiso, solían catalogarse como bisexuales. Era más común que los hombres se identificaran continuamente como bisexuales.

Otra conclusión importante, aunque no sorpresiva, del estudio de Blumstein y Schwartz fue la variabilidad en la elección del objeto sexual. La experiencia importante con un género no necesariamente determina la orientación sexual futura. Los bisexuales llegan a su presente estado de desempeño desde circunstancias muy variadas: algunos temprano, otros tardíamente, otros más mediante un cambio repentino y otros por una transición gradual de décadas.

También se estableció que las comunidades heterosexual y homosexual solían ver al bisexual bajo una luz negativa. El mundo heterosexual consideraba al bisexual como homosexual, mientras que las subculturas homosexuales lo veían como alguien que atraviesa una fase; definieron la identidad bisexual como irreal (en otras palabras, inexistente). Hubieron dos excepciones en el mundo heterosexual. El elemento libertario de la población veía la bisexualidad en forma más liberal… los bisexuales "hacen lo suyo". Los movimientos de liberación de la mujer y del hombre (este último más reducido), dedicados a, y finamente sintonizados con las necesidades políticas y emocionales de su género, simpatizaban al menos con la idea —si no es que con la realidad— de la bisexualidad.

Charlotte Wolff estudió a 150 bisexuales británicos, hombres y mujeres, en 1977 publicó los resultados en su libro *Bisexuality, A Study* (Bisexualidad. Un estudio). Algunos de sus principales hallazgos fueron que:

1. Los hombres de su muestra tenían muchas más parejas homosexuales, y las mujeres muchas más parejas heterosexuales.
2. Aunque hombres y mujeres no reportaron ninguna diferencia en número de encuentros sexuales heterosexuales casuales, ellos tenían encuentros homosexuales casuales mucho más frecuentes.
3. Aunque la mayoría de los bisexuales creían que la bisexualidad era una desventaja social, pensaban que ofrecía ventajas emocionales, mentales y creativas.

En 1985 Regina Reinhardt determinó en un estudio sobre 26 mujeres bisexuales con relaciones heterosexuales, que las parejas tenían relaciones satisfactorias. La mitad de esas mujeres tenían vínculos sexuales con otras mujeres. Sostenían 1.5 contactos sexuales al mes con su pareja femenina y 3 a la semana con la masculina.

En 1991, como parte de un amplio estudio sobre el sida en los Países Bajos, Van Zessen y Sandford entrevistaron a 1001 holandeses acerca de su orientación sexual. Sus descubrimientos indicaron que aunque sólo el 1.1% había tenido experiencias bisexuales el año precedente, el 7.8% se catalogó como no exclusivamente heterosexual ni exclusivamente homosexual, esta cifra es muy inferior, sin embargo, a las ya mencionadas estadísticas estadunidenses.

Una vasta revisión bibliográfica de investigaciones sobre la magnitud de la población bisexual, encomendada por el Programa Global sobre SIDA de la Organización Mundial de la Salud, fue recopilada en 1990 por Boulton y Weatherburn en el Reino Unido. Este análisis reveló que, a causa de las diferentes definiciones de bisexualidad y las diferentes poblaciones estudiadas, los resultados variaban y oscilaban de un bajo porcentaje similar al del ya citado estudio holandés, a uno tan alto como el del estudio de Kinsey de hace ya tantos años. En suma, lo único que es posible asegurar es que establecer con precisión la magnitud de la población bisexual resulta sumamente difícil, porque:

1. Esta población se subdivide a su vez en varios grupos (como individuos que se identifican como bisexuales, "heterosexuales" de clóset y hombres casados).
2. Parece haber tantas definiciones de bisexualidad como investigaciones, y
3. Culturas diferentes ven al bisexual en formas completamente diferentes.

En 1991, Rob A. P. Tielman editó un libro sobre hallazgos de la bisexualidad y su relación con el VIH/sida en numerosos países del mundo.

En fecha reciente se publicaron dos libros con historias de vida de individuos bisexuales. En 1988 apareció en Inglaterra *Bisexual Lives* (Vidas bisexuales, en edición del Off Pink Collective), y en 1991 se lanzó con el sello de Alyson Publications, Inc., *Bi Any Other Name: Bisexual People Speak Out* (Llámense como se llamen. Los bisexuales alzan la voz, editado por Loraine Hutchins y Lani Kaahumanu).

En 1991 Amity Pierce Buxton publicó *The Other Side of the Closet* (El otro lado del clóset), con los resultados de un estudio sobre cientos de matrimonios con un miembro gay o bisexual. Esta obra explora los principales problemas que enfrentan los cónyuges heteros cuando su pareja declara su homosexualidad o bisexualidad.

En 1993 Ron Fox concluyó su estudio sobre 835 individuos que se definían como bisexuales, a los que aplicó un extenso cuestionario sobre auto-declaración y orientación sexual. Los resultados indican que los principales destinatarios de declaraciones de preferencia sexual fueron amigos, parejas y profesionales asistenciales.

Los estudios de 1983-1988 de Martin Weinberg *et al.* en cerca de 800 individuos que se identificaban como bisexuales, estaban previstos para su publicación en 1994 por Oxford University Press. En ellos se indagaron las características de personas que adoptan la identidad bisexual, así como el efecto del sida en la preferencia sexual.

Las desventajas sociales de ser bisexual son muchas, como lo son en general para cualquier grupo que vive sin pleno reconocimiento ni derechos, pero como el bisexual no vive en comunidad, no carga con el peso de la identificación exclusiva con un grupo, lo que, desde luego, suele ser una ventaja; por ejemplo, el bisexual que decide identificarse con la comunidad homosexual no necesita que se le concientice sobre los problemas sociológicos inherentes a su bisexualidad, tampoco tiene que lidiar con los problemas de ser exclusivamente homosexual, viva donde viva, puede tener, si quiere, un pie en el otro bando. Su estado puede causarle de cualquier forma conflicto y aflicción individual, aunque él tenderá a culpar de ello a factores que no tienen nada que ver con la bisexualidad.

En el caso, por ejemplo, de un hombre hasta cierto punto felizmente casado, que se acuesta de vez en cuando con hombres, el problema básico no suele atribuirse a la bisexualidad, sino a la infidelidad u homosexualidad; si la esposa lo descubre, es probable que se moleste primero de que él le haya sido "infiel", y después de que sea "homosexual", esta pareja podría someter su problema a psicoterapia u orientación matrimonial sin que se mencione jamás la condición de bisexualidad. Si recurre a la iglesia en busca de asesoría, es muy poco probable que se pida al hombre expiar el "pecado de bisexualidad", sino más bien los de adulterio y homosexualidad.

El bisexual es sociológicamente inexistente; la Iglesia, el Estado y, en cierta medida, la ciencia, sencillamente no dan con él. Parecería que para poner fin a este *impasse* peculiar se precisa de un válido sentido de identidad, de comunidad.

Es difícil saber de dónde surgirá tal cosa, quizá la aguda sensación de aislamiento común a muchos bisexuales, en especial los casados, habrá de ser un factor concurrente. La mayoría de los bisexuales casados —como el hombre al que ya se describió— viven con un temor social básico: que se descubra el componente homosexual de su naturaleza, así, se apartan de la comunidad homosexual en el nivel social, mientras que a menudo se sienten aislados en la comunidad heterosexual en la que viven, saben que, de descubrirse su inclinación, no sólo se les catalogará como homosexuales, sino que, además, su matrimonio se juzgará como una maniobra de encubrimiento.

El "matrimonio como maniobra de encubrimiento" puede ser cierto en el caso de algunos bisexuales, pero son apenas una minoría. Los bisexuales que se alejan del lecho matrimonial para acostarse con alguien de su mismo sexo no necesariamente pierden interés sexual en su cónyuge, de igual forma que los hombres o mujeres heterosexuales casados que se acuestan con otras personas no necesariamente pierden interés en su pareja. Algunos homosexuales se casan para demostrar que son heteros cuando no lo son; pero 70 por ciento de los homosexuales estudiados por Saghir y Robins (*Male & Female Homosexuality* [Homosexualidad masculina y femenina]) dijeron no pensar recurrir al matrimonio como maniobra de encubrimiento, y 83 por ciento señalaron no concebir como maniobra el matrimonio con una lesbiana. La mayoría de los bisexuales casados no acudieron al matrimonio para ocultar un componente homosexual, se casaron porque la vida y el sexo con una persona del género opuesto tenían para ellos una atracción innegable.

También hay bisexuales casados monógamos, que no "engañarían" a su esposo o esposa más de lo que lo hacen los hombres y mujeres homosexuales con los mismos valores. Una mujer con 20 años de matrimonio fiel con un hombre, ¿sería describible en alguna forma como bisexual?, sí, si antes de casarse tuvo actividad sexual con otra mujer, o si estando casada ha tenido fantasías sexuales (al masturbarse o durante el coito) con aspectos homosexuales, o si se separara de su esposo y encontrara otra pareja, mujer esta vez, como en el caso de Jane O. descrito en el capítulo 7. En el matrimonio, sin embargo, el hombre suele ser el más inclinado a explorar la bisexualidad. El movimiento de las mujeres y la "doble moral" decreciente han tendido a moderar esa dicotomía, pero el hecho es que los hombres —homo, hetero y bisexuales— siguen pudiendo expresar más abiertamente su necesidad de satisfacción sexual. Debido a esto, el sexo con hombres es mucho más fácil de conseguir que con mujeres. Si un heterosexual casado en viaje de negocios en una ciudad desconocida desea contacto sexual, lo más probable es que deba pagarlo, pero un hombre bisexual en la misma situación y en deseo de contacto sexual con un hombre puede obtenerlo literalmente en minutos en bares o baños gays, por el precio de una copa o de una reducida cuota de acceso. En ciertas ciudades puede ir a parques u otros sitios "de ligue" y tener relaciones sexuales sin gastar un centavo (aunque esta "explotación" de la disponibilidad homosexual por los bisexuales molesta a la comunidad gay).

La ausencia de una subcultura bisexual es perceptible, pero los que más la sienten no siempre saben con exactitud qué es lo que sienten, palabras como "anhelo", "difuso", "falta algo" y "donde fueres haz lo que vieres" son comunes entre los bisexuales, tanto hombres como mujeres, para expresar su sentir. En una reunión del Bisexual Forum en Nueva York, un chico hizo un comentario elocuente sobre este asunto. Como orador invitado, pregunté al grupo: "¿Sienten como bisexuales la falta de una subcultura bisexual?"

Mi interrogante pareció confundirlos, su silencio me hizo saber que esa pregunta estaba más cargada de significado de lo que yo creía.

—¿Qué entiendes por "subcultura"? —preguntó por fin un muchacho—. ¿Te refieres a un bar o algo así?, pero, ¿para qué?, si quieres la compañía de una mujer, puedes ir a un bar hetero para solteros y si la noche es larga y quieres un hombre, puedes ir a un bar gay, ¿qué representaría entonces un bar bisexual?

—No creo que un bar sea un buen ejemplo —intervino una mujer—. Yo no voy a bares.

—Bueno, supongamos que lo hicieras —respondió él—. ¿Necesitarías un bar bisexual para encontrar lo que buscas, o un club campestre o iglesia bisexual?, ¿para qué?

—Supongo que tienes razón —dijo ella—, pero no sé.

—¿Tú sientes la falta de una subcultura? —le pregunté a la mujer.

—No lo sé, y perdón por repetirlo, pero lo que sí sé es que, si quisiera compañía para una velada, sería agradable poder ir a algún sitio y conocer a hombres y mujeres con quienes pudiera ser franca y auténtica, es decir, no necesariamente tendría que desear un hombre o una mujer, sencillamente podría querer conocer a una persona, sería agradable poder salir de casa con la idea de conocer a alguien sin tener que pensar que debe ser de un género u otro. Hay veces en las que deseo un hombre o una

mujer, aunque esto podría deberse a que no tengo otra opción, pero bien podría ser que en algún momento deseara un ser humano agradable con el cual hacer el amor, para mí, eso podría ser a veces un hombre, a veces una mujer. Si hubiera un bar bisexual, podría llegar ahí sin ninguna idea preconcebida de lo que quiero, o creer que deseo una mujer y conocer a un hombre muy dulce y terminar por preferirlo a él. Ahora que lo pienso, un bar o restaurante bisexual sería un lugar para ir a descubrir *cómo* te sientes estando simplemente con hombres y mujeres, con personas...
—hizo una pausa— como aquí.

Me parece que esta respuesta va al centro mismo del problema bisexual: aunque los bisexuales disfrutan de una posibilidad de elección más amplia en su búsqueda de amor sexual, deben perseguir esas posibilidades en terrenos no necesariamente de su elección. Para saber cuáles bisexuales deseaban en efecto una comunidad bisexual y explorar las ventajas y desventajas de la falta de tal comunidad desde el punto de vista de los propios bisexuales, a fines de la década de 1970, encuesté a un grupo de hombres y mujeres bisexuales como parte de una amplia investigación sobre el bisexual en la sociedad, repartí cuestionarios a 150 personas en el Bisexual Forum, obtuve una respuesta inusualmente alta; sólo seis personas se rehusaron a participar, esa alta respuesta se benefició del apoyo de Chuck Mishaan, fundador del Foro, quien explicó a todos los presentes el propósito de la encuesta. Estudiar a bisexuales en sus propios grupos no era común en esos días, en aquel entonces, sólo en San Francisco (el Bi-Center), Santa Bárbara y Miami existían otros grupos bisexuales La situación ha cambiado, y para principios de la década de 1990 ya había unas 50 organizaciones bisexuales (pequeñas en su mayoría) esparcidas en todo Estados Unidos. En el capítulo 10 analizaré con más detalle los cambios ocurridos en la comunidad bisexual estadunidense en los últimos 15 años.

En el apéndice B, pág. 197, se presentan detalladamente las reacciones de las 144 personas encuestadas en el Foro Bisexual. Las conclusiones principales que me siguen pareciendo válidas en 1992 se exponen a continuación:

88 por ciento de los encuestados eran bisexuales en una u otra medida, y la gran mayoría de ellos se identificaron como tales. (Esto contradice los hallazgos de Blumstein y Schwartz ["Bisexuality in Men" ("Bi-

sexualidad en hombres"), *Urban Life*] de que la auto-catalogación como bisexual no se corresponde con la experiencia o sentimientos reales).

70 por ciento de los entrevistados eran hombres y 30 por ciento mujeres. Esta discrepancia quizá tenga menos que ver con la bisexualidad que con los eventos sociales en Nueva York, en los que muy a menudo los hombres exceden en número a las mujeres, particularmente de noche.

La edad promedio de las mujeres fue de 28.5 años y la de los hombres de 32.4. El nivel educativo era alto, de 15 años de escolaridad promedio en las mujeres y 16 en los hombres, todos los encuestados menos tres habían terminado la preparatoria, y muchos tenían título de maestría o doctorado. La respuesta más frecuente a la pregunta acerca de la ocupación fue "estudiante" (alrededor de 10 por ciento). Las ocupaciones de los demás entrevistados iban de instructor a profesor y de músico a ama de casa. En general, el Foro parecía atraer a un porcentaje de profesionales mucho mayor que el existente en la población en general. Casi 60 por ciento de las personas estudiadas eran solteras; el resto se dividía entre casados y anteriormente casados. Casi la mitad vivía sola, y los demás con su cónyuge, compañero de cuarto, padres, pareja, hijos, parientes o en la escuela, en ese orden de frecuencia.

En cuanto a la pregunta de con cuál de sus padres se llevaban mejor, las mujeres se dividieron por igual entre ambos padres, mientras que más de dos tercios de los hombres se llevaban mejor con su madre, esto no es de sorprender en nuestra cultura; pienso que estas cifras son representativas de la población en general.

La de los bisexuales se correspondió muy de cerca con su conducta: más de 75 por ciento de los encuestados que dijeron ubicarse entre el 1 y el 5 en la escala de Kinsey (usando la gradación original de 0 a 6) también se consideraron bisexuales. La mujer promedio estaba en 2.4 en la escala de Kinsey, y el hombre promedio un poco más arriba, en 2.5, lo que indica que el individuo promedio era en este estudio ligeramente más heterosexual que homosexual en ese *continuum*.

De los exclusivamente heterosexuales u homosexuales, más de nueve de cada diez eran heterosexuales.

El estrecho ajuste entre conducta e identidad también apareció en las respuestas sobre el género sexualmente preferido y para las fantasías sexuales; quienes se ubicaron en el extremo heterosexual de la escala de Kinsey (1 y 2) preferían y fantaseaban más con el sexo opuesto. En el extremo homosexual predominaron la preferencia y fantasías con el mismo género.

Curiosamente, la etiqueta de bisexual se adoptó en una edad relativamente tardía; quienes se consideraban bisexuales comenzaron a hacerlo a una edad promedio de 24 años, esto se aplicaba tanto a hombres como a mujeres.

La mayoría de los individuos de los dos sexos sintieron atracción sexual por personas del sexo opuesto antes que por las del propio.

Las mujeres cobraron conciencia de sus sentimientos heterosexuales a la edad promedio de 11 años, y los hombres a los 13. En promedio, la conciencia de sentimientos homosexuales surgió en mujeres y hombres a los 16 y 17 años, respectivamente.

La diferencia entre los sexos es más pronunciada cuando se contrasta la edad de inicio de sus actividades homosexuales, mientras que la primera actividad heterosexual de mujeres y hombres ocurrió en promedio a los 16 años, la primera experiencia homosexual de los hombres fue a los 18, y la de las mujeres a los 23. Bode encontró que 20 por ciento de las mujeres bisexuales de su estudio tuvieron experiencia homosexual antes de participar en actividad heterosexual, éste fue el caso de 17 por ciento de nuestras encuestadas, y del 36 de nuestros entrevistados.

Hay otro punto de interés respecto a la edad de la primera actividad sexual: la mujer promedio tuvo su primera actividad heterosexual a los 15.5 años, y su primera experiencia de penetración vaginal dos y medio años después, a los 18; en el caso de los hombres, la diferencia entre primera actividad y primer coito fue de menos de dos años, 16 vs. 17.5.

¿Qué tan abiertos son los bisexuales en lo que se refiere a su orientación sexual?, 70 por ciento de los amigos íntimos de los encuestados, cuya orientación sexual conocían, eran heterosexuales, 20 por ciento homosexuales y sólo 10 por ciento bisexuales, en otras palabras, los bisexuales se movían principalmente en el mundo heterosexual, y considerablemente menos en el homosexual, su asociación con otros bisexuales era mínima. Cuando los entrevistados enlistaron a sus allegados que conocían de su bisexualidad, sus respuestas indicaron que la puerta del clóset se abre selectivamente. En el caso de la mayoría, padres, hermanos, parientes y compañeros de trabajo no tenían acceso a esa información, en cambio, casi la mitad de los cónyuges sí lo tenían, y 62 por ciento contaba con amigos enterados (más de ocho en promedio).

¿Dónde hallaban parejas sexuales los bisexuales encuestados?

En todas partes, casi todos los lugares o situaciones imaginables fueron mencionados por uno u otro de los entrevistados, sin embargo, entre las mujeres sólo una fuente ocurrió con frecuencia: heterosexuales y homosexuales que se hicieron sus amigos.

Los hombres también usaban a amigos como fuentes de contacto pero, con cierta frecuencia, conocían asimismo a mujeres en fiestas, bares y el trabajo. Los contactos con homosexuales ofrecieron la mayor variedad, siendo bares la cuarta parte de los lugares enlistados. Amigos, fiestas y baños se mencionaron asimismo más de un par de veces. Muchas oportunidades diferentes se aprovechaban para conocer a otras personas; la segunda más común fueron las presentaciones por amigos, luego del contacto con homosexuales en bares.

Como sabemos, el bisexual está menos reprimido respecto al género, siendo capaz de erotizarse con personas de uno u otro sexo, pero, ¿cómo influye esto en otros aspectos de su conducta sexual?, ¿lo induce a tener más parejas que los hetero u homosexuales?, parece que así es. Aunque algunos de los individuos estudiados habían tenido una sola pareja durante mucho tiempo, en general las parejas eran relativamente numerosas. En el mes anterior a la aplicación del cuestionario, las mujeres bisexuales tuvieron un promedio de 1.5 parejas masculinas y 0.7 femeninas; los hombres tuvieron un promedio de 1.7 parejas femeninas y 2.4 masculinas. Durante el año previo, las bisexuales tuvieron 4.7 parejas heterosexuales y 3.0 homosexuales, y los bisexuales 9.2 parejas femeninas y 12.9 masculinas.

Resulta interesante que el índice bisexual de participación en actividades sexuales con dos o más personas al mismo tiempo haya sido más alto que el de la población en general.

Hunt halló que 40 por ciento de los solteros de su estudio habían tenido alguna experiencia sexual en presencia de más de otra persona, y que 25 por ciento había experimentado sexo con parejas múltiples. Las cifras respectivas de mujeres y casados fueron significativamente inferiores.

Nuestro cuestionario no diferenció entre esos dos tipos de actividad (sexo *con*, y sexo *en presencia de* más de otra persona). 63 por ciento de los bisexuales habían tenido sexo con dos o más personas al mismo tiempo al menos una vez hasta entonces, 46 por ciento de los encuestados el año anterior y 23 por ciento el mes anterior.

No es fácil interpretar estos hallazgos en ausencia de información adicional relevante, ¿esas experiencias de parejas múltiples lo fueron de intercambio de parejas, o fueron tríos?, ¿de carácter más homosexual que bisexual?, ¿tales cifras se aplican a los bisexuales en general?, ¿qué resulta de compararlas con los patrones de conducta de los homosexuales? Es bien sabido que entre los homosexuales abunda la actividad grupal. En lo relativo al sexo en grupo, quizá los patrones bisexuales sean más parecidos a los homo que a los heterosexuales, también es posible que el bisexual tienda a actuar como homosexual en una situación homosexual que incluya sexo en grupo, pero como heterosexual en situaciones de sexo en grupo heterosexual, más investigación a este respecto sería muy útil.

Dos preguntas dieron idea de cómo se ven a sí mismos los bisexuales. 35 por ciento había buscado consejería para problemas relacionados con su orientación sexual, por otro lado, más de dos tercios dijeron que, de volver a nacer, optarían por ser bisexuales de nuevo. No es de sorprender que muchos bisexuales hubieran buscado terapia, considerando la negativa connotación que la sociedad otorga a su condición, pero sí lo es que tantos se *hayan* mostrado satisfechos con ella. De los que volverían a ser bisexuales si se les diera la opción de volver a nacer, sólo 28 por ciento había buscado terapia de orientación sexual, contra la mitad de quienes dijeron que preferirían ser heterosexuales u homosexuales, o no respondieron esta pregunta.

Cinco de las preguntas del cuestionario se planearon para obtener comentarios personales de los encuestados en sus propias palabras. Las respuestas a la primera de ellas "¿Cuáles son los principales placeres o ventajas de ser bisexual?" no variaron entre hombres y mujeres más de lo que lo hicieron al ser respondidas verbalmente en el Foro Bisexual. "Más placer físico" y "más variedad sexual" fueron las principales, aunque también se expresaron ideas algo diferentes, las cuales son dignas de mencionarse.

Una mujer escribió: "Desde que reconocí y acepté después mi bisexualidad, ya no tengo motivos para adoptar la postura de que las personas de mi mismo sexo me causen repugnancia." Un hombre expresó esa misma idea en términos más gráficos: "Yo no temo tocar a otros hombres, me gustan los hombres y me gustan las mujeres, pienso que es posible tener sentimientos sexuales diferentes por cada sexo, puedo disfrutar sin asco una verga y unos güevos, que obviamente una mujer no tiene.

Otra importante idea que emergió fue el valor de una gama más amplia para la autodefinición.

Escribió una joven: "Es bueno sentir que no tengo que apegarme a un etiqueta estricta para mi sexualidad." Y un hombre contestó: "No me siento limitado al elegir. No me gustan los límites innecesarios, ni que me impongan etiquetas."

La sensación de plenitud se expresó con suficiente frecuencia para sugerir la base de una conciencia bisexual común. "Me siento completo en mis relaciones con otros seres humanos" y: "Me descubro explorando en forma más íntima la cercanía con los demás."

Una apreciación de la "singularidad" se manifestó desde muchos puntos de vista. "Disfrutar de la singularidad de cada sexo es un proceso de aprendizaje" y: "Tienes la oportunidad de experimentar a muchas personas de orígenes muy distintos, de diferente tipo. Cada quien es único, y eso saca a relucir en mí cosas diferentes."

En las respuestas anteriores, la variedad de la experiencia fue vista como ventaja.

La pregunta siguiente, "¿Cuáles son los principales problemas o desventajas de ser bisexual?", exploró las desventajas de esa variedad. La reprobación social fue esta vez la principal respuesta. "Lo más difícil es explicarles a los demás qué soy, no lo entienden. Curiosamente, entienden la variedad en relación con otras cosas de la vida, como que si vas a la biblioteca pública de una ciudad grande puedes escoger entre más libros que en la de una ciudad pequeña, pero cuando se trata de sexo, ni siquiera la persona más inteligente exclusivamente hetero o gay te hace caso, así que, la verdad, estoy a punto de dejar de intentarlo."

Para la mayoría de los encuestados, la desventaja más importante fue la reprobación social general, pero para algunos, la misma posibilidad mayor de elegir resultaba demasiado frustrante, por eso hay quienes huyen a ciudades pequeñas o prefieren elegir ropa que no los obligue a seleccionar mucho. La variedad puede causar indecisión, y es indudable que la bisexualidad permite mayor variedad social/sexual. "Es difícil elegir un estilo de vida", dijo un hombre, haciéndose eco de los sentimientos de varios entrevistados. "No puedo ser franco con todos, y a veces ni siquiera yo mismo sé qué quiero, o no puedo ajustarme a lo que se espera de mí."

Para los bisexuales más jóvenes, el riesgo de lastimar a los padres o a la familia representaba una presión: "Es imposible que mis padres lo entiendan. Pienso mudarme al otro lado del país, lejos de mi familia, para que no tenga que enterarse nunca."

La posibilidad de que la bisexualidad interfiera con la monogamia y la de ser lastimados por personas de uno y otro sexos fueron, para algunos, dos aspectos negativos de la bisexualidad: "Soy celoso por naturaleza, y que mi pareja tenga otra, hombre o mujer, puede ponerme a arañar las paredes; y aunque como bisexual comprendo, comprender no hace desaparecer el dolor" y: "Tengo relaciones sexuales con otras personas de uno u otro sexo, y me siento culpable, porque eso pone celoso a mi pareja, así que, para poder sobrevivir, he terminado por convertirme en una mentirosa sumamente creativa."

Tener que mentir para disimular, y no ser auténtico —incluso con buenos amigos-, es un nubarrón que pende sobre muchos bisexuales: "No importa dónde esté o con quién, nunca dejo de pensar que debo tener cuidado con mi secreto, pero a veces me dan ganas de soltarlo, dejarlo salir, sea cual sea el costo, pero nunca lo hago y la tensión aumenta. Quiero que me respeten en el trabajo, y también mis amigos, pero el secreto de mi bisexualidad eleva mi temor a ser rechazado."

Promover el orgullo colectivo se ha vuelto una forma de validar la existencia del grupo, en bien tanto de su autodefinición como de la forma en que es visto y definido por otros. Las respuestas a la pregunta "¿Te da orgullo ser bisexual?" fueron algo inesperadas: "No es cuestión de orgullo", escribió un hombre; "es cuestión de ser", ésta es una afirmación muy ambigua, pero al analizarla sospecho que sencillamente quiere decir que basta con que eso exista, y que el *orgullo*, en un modo de ser, de alguna manera le resta méritos. Es como si el orgullo implicara un elemento de defensa. "Ningún orgullo en especial, simplemente soy" y: "No es cuestión de orgullo, sólo es." Un hombre resumió su sexualidad en tres palabras: "Sí, de mí." "Orgullo quizá no sea la palabra correcta", escribió una mujer, "Yo más bien me diría afortunada. Estoy feliz de ser lo bastante franca para experimentar amor emocional y sexual con hombres y mujeres."

Todas estas respuestas son decididamente individuales, no de quienes toman en cuenta a los demás antes de hablar. En este sentido, el bisexual es una especie de hijo único, alguien especial para sí mismo, no un rostro en la multitud, sino *el* rostro en la multitud... "Sí, me siento especial", escribió un hombre, "capaz de experimentar algo que otros no pueden".

El bisexual no ha sido politizado aún, su condición no es todavía una causa. En respuesta a la pregunta sobre el orgullo, una mujer escribió dos escuetas palabras: "No aplicable. Ciertamente no hay mucho pensamiento grupal aquí.

Algunos dieron respuestas positivas y negativas a la misma pregunta, hay quienes estaban inseguros: "No sé, esta cuestión sigue sin resolverse en mi mente, en ocasiones me siento bien, y otras mal y avergonzado." Pero cuando a los entrevistados se les hizo la pregunta directa de: "¿Sientes vergüenza o culpa por ser bisexual?", la mayoría respondió que no, aunque no todas las negativas fueron rotundas: "No, lo único que me da un poco de vergüenza es la idea de ser exhibida" y "No, pero la tenía antes de meterme realmente en esto." Quienes respondieron que sí, fueron menos en cantidad, pero no en sinceridad: "Sí, siento vergüenza, ansiedad y culpa por el placer homosexual, y supongo que esto también se aplica a mi bisexualidad."

Aunque pocos dijeron sentir vergüenza y culpa puras, sentimientos ambivalentes y confusión se expresaron a menudo en las respuestas dadas a la siguiente pregunta, la última: "¿Qué sientes por tu bisexualidad y la bisexualidad en general?". "Acepto mi bisexualidad, pero no estoy tan seguro de aceptar la de otros" y: "Ambivalencia, parte de ella es buena y satisfactoria, pero otra parte es desmoralizadora y deshumanizante." Un hombre manifestó así su confusión: "Todavía reflexiono profundamente en qué es lo que siento." Esta forma de considerar la pregunta y no responderla directamente no fue inusual: "No creo llevar en esto tiempo suficiente para dar una opinión" y: "Una parte de mí siente que las cosas no podían ser de otra manera, y otra que no debían haber sido así para nada. No lo sé."

Aunque ambivalencia y confusión caracterizaron las respuestas de algunos, muchos otros expresaron sentimientos notoriamente positivos: "Es una parte de mí, un aspecto feliz de mí"; "Es fabulosa" y "Está bien si la decides tú." Algunas respuestas entraron en más detalle. Una mujer escribió:

"Me da gusto haber conocido a un hombre que me alentó a ser yo misma, de otra forma quizá nunca hubiera tenido las experiencias con otras mujeres que he podido tener, me daba miedo. Nunca creí ser sexualmente "anormal", pero tenía miedo de que otros lo pensaran, ahora sé que eso no importa. Me gusta hacer el amor con mujeres, me gusta hacer el amor con hombres, es rico gozar con unos y otros."

Otra mujer contestó así:

"Filosóficamente, veo la bisexualidad como el mejor de los mundos posibles, en términos de libertad y humanismo, personalmente, soy bisexual, y siento que lo he sido siempre y que no podía ser de otra manera. Tendré mis preferencias, pero jamás me negaré el placer de excitarme con hombres y mujeres. Lo siento por aquellos que no dejan que esto entre en su vida, y más todavía por quienes ni siquiera tienen la noción de que existe."

Así, la mayoría de las personas en el Foro presentaron sentimientos positivos por su bisexualidad, pero sentían las presiones de las comunidades heterosexual y homosexual, lo que tendía a crear confusión, duda y temor de sí mismas y de sus inclinaciones sexuales.

De llegar a surgir una gran comunidad bisexual, es probable que contribuya a cambiar la imagen que el bisexual tiene de sí mismo, igual que la imagen que la sociedad tiene de él. Como escribió un hombre joven, breve pero elocuentemente: "Esto no debería ser nada del otro mundo, pero lo es."

NOTAS

Nota 1

Aquí se presentan algunos de los principales hallazgos sobre la bisexualidad, comenzando por Kinsey *et al.*, cuyo monumental estudio sigue siendo en ciertos aspectos el más exhaustivo emprendido hasta la fecha. Kinsey determinó que 50 por ciento de la población masculina estadunidense nunca había tenido una experiencia homosexual manifiesta, ni reaccionado eróticamente en un nivel psicológico hacia otro hombre, así, 50 por ciento de los estadunidenses blancos ocupaban el 0 en la escala del propio Kinsey, 4 por ciento resultó a su vez completamente homosexual, esto deja a 46 por ciento en las categorías bisexuales 1-5. Desde luego que debe tenerse en mente que este 46 por ciento incluye a todos los hombres de la pubertad en adelante, y que podría reflejar una sola experiencia sexual con personas del mismo género, o una mínima sensación psicológica o erótica hacia ellas.

Considerando a los hombres que tuvieron esas reacciones eróticas o experiencias reales en un periodo de tres años entre las edades de 16 y 55 años, Kinsey estableció que:

- 70% de su muestra se ubicaba en 0 (totalmente heterosexual) en la escala heterosexual-homosexual 0-6
- 5% en 1 (incidentalmente homosexual)
- 7% en 2 (más que incidentalmente homosexual)
- 5% en 3 (igualmente heterosexual y homosexual)
- 3% en 4 (más que incidentalmente heterosexual)
- 2% en 5 (incidentalmente heterosexual)
- 8% en 6 (totalmente homosexual)

Combinando las categorías 1a la 5, vemos que 22 por ciento de la población masculina estadunidense puede considerarse bisexual, usando como base de determinación la ya citada experiencia de tres años (esta norma de tres años es arbitraria y, en mi opinión, de ninguna manera significativa). Si eliminamos las experiencias incidentales, esto deja como bisexual a 15 por ciento de esa población (categorías 2, 3 y 4).

La posibilidad de erotizarse con los dos géneros es una dimensión de bisexualidad. 46 por ciento de la población masculina estadunidense posee esa capacidad. Considerando únicamente la posibilidad de poner en práctica esta capacidad, la proporción de bisexuales en esa población es de 33 por ciento (dado que Kinsey fijó en 13 por ciento la cifra de los hombres con reacciones eróticas ante otros, pero que no habían tenido ninguna experiencia real).

En relación con las mujeres, Kinsey halló una incidencia de homosexualidad y bisexualidad mucho menor que en los hombres. Para el grupo de edad de 20 a 35 años se establecieron las siguientes cifras:

Categoría	Soltero	Casado	Prev. casado
0	61-75%	87-91%	75-81%
6	1-3%	-	1-3%
1-5	10-17%	8-10%	13-16%
2-4	4-8%	3%	5-7%
X	14-19%	1-3%	5-8%

Las categorías 0 a 6 fueron previamente definidas. La categoría X se aplica a las mujeres que no reaccionaron eróticamente a estímulos heterosexuales, ni a homosexuales, ni tuvieron contactos físicos manifiestos con individuos de uno u otro sexo.

Para citar a Kinsey:

"Entre las mujeres, las incidencias acumuladas de reacciones homosexuales habían alcanzado en definitiva 28 por ciento; alcanzaron 50 por ciento en los hombres. Las incidencias acumuladas de contactos manifiestos al punto del orgasmo habían alcanzado entre las mujeres 13 por ciento; entre los hombres habían alcanzado 37 por ciento. Esto significa que reacciones homosexuales habían ocurrido en alrededor de la mitad de las mujeres en comparación con los hombres, y contactos proseguidos hasta el orgasmo en alrededor de un tercio de las mujeres en comparación con los hombres."

Kinsey publicó sus cifras sobre hombres en 1948, y las de las mujeres en 1953. ¿Qué tan válidas siguen siendo sus estadísticas un cuarto de siglo más tarde?, en esencia, su validez no ha cambiado de manera significativa.

Morton Hunt estudió la conducta sexual en la década de 1970 y publicó sus hallazgos en 1974, en *Sexual Behavior in the Seventies* (Comportamiento sexual en los setentas). No detectó en sus entrevistados ningún aumento en conducta homosexual, de hecho, tenía la impresión de que las cifras de Kinsey sobre los hombres eran demasiado altas, y las suyas propias demasiado bajas, en general, no había mucha diferencia entre ellas.

Dos encuestas de revistas resultan de interés (aunque ambas generaron una enorme respuesta, debe tenerse cuidado en su interpretación; las respuestas voluntarias a encuestas de revistas no son representativas de la población total). En 1975, cien mil mujeres contestaron una encuesta de *Redbook* sobre placer sexual. Las resultados fueron semejantes a los de Kinsey: 10 por ciento de las mujeres separadas o divorciadas habían tenido experiencias sexuales con otras mujeres; 4 por ciento de las encuestadas estaban en ese caso, siendo más pronunciada la actividad lésbica manifiesta entre mujeres con educación superior que con educación media.

En enero de 1977, *Psychology Today* (Psicología hoy) publicó una encuesta sobre masculinidad en la que 68 por ciento de los entrevistados dijeron ser heterosexuales y 6 por ciento homosexuales; mientras que 29 por ciento habían tenido alguna experiencia bisexual, y de estos, el 6 por ciento se definieron como bisexuales. Estos porcentajes son muy similares a las estadísticas originales de Kinsey.

Como ya se dijo, en su magno estudio de 1991 sobre individuos que se definían como bisexuales, Ron Fox analizó cuándo empezaron sus sujetos a usar la palabra "bisexual" para definirse y a quiénes habían revelado esta información.

Nota 2

Con base en algunas estadísticas de Kinsey, hay 11 veces más bisexuales que homosexuales, utilizando como criterio la posibilidad de sentimientos eróticos por personas de uno y otro sexo. Si al bisexual, en el estudio de Kinsey sobre hombres de entre 16 y 55 años se le define como alguien que tuvo experiencias con personas de uno y otro sexos en los tres años previos a la entrevista, hay dos veces más bisexuales que homosexuales (definiendo homosexual como el individuo perteneciente a las categorías 5 y 6 en la escala de Kinsey).

El estudio de 1993 de John Billy *et al.*, así como algunas encuestas internacionales de principios de la década de 1990, indicaron que la población bisexual es entre 2 y 3 veces mayor que la homosexual.

Nota 3

Existen varios estudios sobre homosexuales, tanto en el ámbito de su propia subcultura como en el de la población en general, en algunos de ellos se preguntó a los encuestados acerca de su actividad heterosexual; en otras palabras, sobre su bisexualidad. Estos estudios han establecido de modo sistemático que 50 por ciento de los homosexuales, ya sea que se autodefinan como tales o participen en la subcultura homosexual (bares, bailes u organizaciones gays), han experimentado actividad heterosexual. Esta cifra se mantuvo constante en el estudio de 1973 de Saghir y Robins, el estudio de Rick Shur sobre homosexuales en bailes gays en Nueva York en 1974, e incluso en un amplio estudio alemán de 1974 de Dannecker y Reiche. En cuanto a las mujeres homosexuales, la cifra es más alta: más de 75 por ciento de las "lesbianas" encuestadas habían tenido experiencias heterosexuales.

Dividir a las personas con fines de análisis en únicamente dos grupos, "heterosexual" y "homosexual" (como se hace a menudo), y definir como "homosexuales" a todos los individuos presentes en bailes o bares gays tiene el efecto de incluir a los bisexuales en esos grupos, lo que complica enormemente la interpretación de los resultados, por ejemplo, a 96 por ciento de las personas estudiadas por Dannecker y Reiche se les consideró homosexuales por el solo hecho de que, al momento del estudio, 83 por ciento no tenía actividad heterosexual alguna, mientras que otro 13 por ciento sólo tenía actividad heterosexual incidental.

Los autores eliminaron por completo la categoría bisexual, explicándola como una estación de paso hacia la homosexualidad, o como un subterfugio social, ¿cómo interpretar entonces el hecho de que el 56 por ciento de los hombres estudiados habían tenido experiencias sexuales previas con mujeres, mientras que otro 10 por ciento estaba o había estado casado?, o bien, considérese esto: en el estudio de Shur sobre hombres en bailes gays, se preguntó a los entrevistados si tenían una marcada preferencia por personas de su mismo sexo, esta pregunta se hizo "para establecer que los encuestados eran gays". 96 por ciento respondió que sí, pero ¿qué significan entonces las siguientes respuestas?: 30 por ciento dijo que las mujeres les atraían lo suficiente para considerar tener relaciones sexuales con ellas, mientras que 60 por ciento se había definido como bisexual en algún momento en el pasado.

Parece indudable, así, que un gran porcentaje de los individuos a los que se considera homosexuales en los estudios sociológicos cabrían más propiamente bajo la etiqueta de bisexuales, entre ellos muchos de quienes se definen como homosexuales, éste parecería ser un hecho de larga duración. En un estudio sobre gays con al menos un año de vivir juntos como pareja, los doctores McWhirter y Mattison determinaron que sólo 15 por ciento de ellos correspondían a la categoría 6 de la escala de Kinsey; 25 por ciento había vivido anteriormente con una mujer (un lapso de entre seis meses y un año), y 65 por ciento había tenido al menos una experiencia heterosexual tras la pubertad, aunque la mayoría había tenido muchas, pese a que al momento del estudio pocos encuestados tenían actividad sexual concurrente, 75 por ciento tenía fantasías heterosexuales ocasionales y sólo 25 por ciento fantasías exclusivamente homosexuales.

Nota 4

Kinsey estableció que 2 por ciento de los hombres maduros y cerca de 10 por ciento de los jóvenes (de entre 16 y 25 años) habían tenido, en los cinco años previos, experiencias homosexuales estando casados, afirmó que, por varias razones, la cifra relativa a los hombres maduros era probablemente más alta. Hunt halló un índice de 1 por ciento de experiencias bisexuales en el año anterior, mismo porcentaje que el encontrado en el estudio holandés de 1991 de Van Zessen y Sandford. Estas tres cifras se corresponden entre sí, en el sentido de que era de esperar una cifra menor para la actividad en un año que en cinco. No existen estadísticas sobre cifras acumuladas.

En las mujeres, la cantidad es menor. Kinsey determinó que, cada año, de 8 a 10 por ciento de las mujeres casadas de entre 20 y 35 años de edad habían tenido experiencias bisexuales. Respecto a la incidencia activa, la cifra sería de aproximadamente 1 por ciento (Hunt). Las cifras de hombres y mujeres separados y divorciados son desde luego más altas. Al considerar las estadísticas de los grupos homosexuales, se obtienen las siguientes cifras sobre el matrimonio: de 1 a 5 por ciento de los hombres que se identificaron como homosexuales estaban casados, y de 5 a 24 por ciento lo habían estado antes, esta última proporción era mayor en el caso de las mujeres que se identificaban como homosexuales. En su estudio sobre mujeres que se definían como bisexuales, Janet Bode descubrió que 17 por ciento de ellas estaban casadas al momento de la encuesta.

Capítulo 9

El bisexual en la historia y las artes

EL BISEXUAL EN LA HISTORIA

Con demasiada frecuencia, los seres humanos evitamos o nos rehusamos a contar, o a recordar siquiera, el pasado —lo bueno y lo malo— tal como fue. En cambio, lo corregimos y tergiversamos para que sirva a las necesidades, deseos, fantasías o propósitos políticos actuales, o para que apuntale valores que apreciamos. La historia se convierte en instrumento, un arma para controlar el presente y moldear el futuro.

Durante mucho tiempo, por ejemplo, la batalla de Little Big Horn se presentó ante los estadunidenses blancos como una historia de soldados que "murieron con las botas puestas", cubiertos de gloria, no de estupidez, crueldad y sangre inútilmente derramada. Por efecto de esa prestidigitación histórica, los descendientes de Toro Sentado, hasta la presente generación de indios desplazados, son más fáciles de desestimar y olvidar.

La añeja negación de los logros de las mujeres por los hombres es otro ejemplo flagrante del uso de la historia como arma. Aunque la mayoría de los historiadores coinciden en que Isabel I ha sido la mejor monarca que Inglaterra haya tenido jamás, la aptitud de las mujeres para gobernar una nación sigue poniéndose en duda, y no sólo por parte de los hombres, sino también de las mujeres que han terminado por creer esa mentira.

En el país que produjo la Carta Magna y el sistema parlamentario de gobierno, Oscar Wilde fue enjuiciado en la década de 1890 por homosexualidad, lo que puso al descubierto un inframundo homosexual londinense que incluía a mozos de cuadra, oficinistas, empleados domésticos y gente por el estilo. Wilde fue condenado y enviado a prisión, se le tachó de homosexual en su época, pero también se le explota como tal en la nuestra. *Oscar Wilde* no era homosexual, era bisexual. En Oscar Wilde, H. Montgomery Hyde escribe:

> "…sabemos que a principios de su vida matrimonial, Wilde estaba profundamente enamorado de su esposa y que tenían relaciones sexuales normales, lo que resultó en el nacimiento de sus dos hijos. Él parece haber sido, en efecto, un amante entusiasta. Ante Sherard, a quien conoció casualmente durante su luna de miel en París, se explayó espontáneamente en los placeres físicos del matrimonio, y en ocasión de la primera separación de su esposa, meses después, cuando fue a dictar unas conferencias a Edimburgo, le escribió:
>
> 'Aquí estoy, y tú en las antípodas. ¡Oh, execrable destino que impide a nuestros labios besarse, pese a que nuestras almas sean una!… Los mensajes de los dioses entre ellos no viajan por medio de pluma y tinta, y en verdad tu presencia física aquí no te haría más real: porque siento tus dedos en mi pelo, y tu mejilla acariciando la mía. El aire está lleno de la música de tu voz; mi alma y mi cuerpo ya no parecen míos, sino que se funden con los tuyos en un éxtasis exquisito. Me siento incompleto sin ti'. " [2]

Antes de casarse, Wilde ya se había hecho fama en Oxford como un hombre no sólo interesado en las mujeres, sino también prendado de ellas, sus aventuras casuales fueron muchas, y sus romances muy intensos, continúa Montgomery Hyde:

> "Su primer romance serio en este primer periodo… fue el que sostuvo con Florence Balcombe, joven cuatro años menor que él. La pasión de Oscar por Florrie duró dos años —'los más dulces de mi juventud', le diría más tarde—, y es indudable que abrigó el deseo de casarse con ella."

Antes de desarrollar su interés por parejas sexuales masculinas,

---

2   Véase la nota en la sección de autorizaciones a la reproducción de citas textuales.

Wilde ya era famoso como escritor y conferencista no sólo en Inglaterra, sino también en Estados Unidos. Si hubiera muerto entonces, hoy lo recordaríamos como un heterosexual "normal", si bien un tanto extravagante. Quizá algunos lo considerarían bisexual, porque en parte de sus primeros poemas se percibe un interés en la belleza física masculina: "Pero él bien pudo haber ignorado al mismo tiempo su relevancia", escribe Hyde, "ya que sus inclinaciones se hicieron bisexuales de modo gradual".

El muy respetado escritor contemporáneo Gore Vidal ha sido blanco durante años de chismes sobre su supuesta homosexualidad. Daría la impresión de que esto lo molesta sólo en la medida en que no es cierto, Vidal ha defendido públicamente su bisexualidad. En 1974, en el epílogo de *The City and the Pillar* (La ciudad y el pilar), escribió:

"…Todos los seres humanos somos bisexuales. El condicionamiento, la oportunidad y la costumbre explican final (y misteriosamente) la preferencia sexual, y los homosexualistas se las ven tan difíciles como los heterosexualistas para hacer generalizaciones. Ellos van del travesti que se cree Betty Davis al ciudadano perfectamente ordinario que contempla a los hombres con la misma franca lujuria con que su hermano contempla a las mujeres.

Cuando las presiones legales y sociales contra la homosexualidad son particularmente severas, los homosexualistas pueden ponerse neuróticos, a la manera de los judíos y los negros en un medio hostil, pero un hombre que disfruta de las relaciones sensuales con personas de su propio sexo no es, por definición, neurótico. En todo caso, catalogar resulta imposible sobre todo cuando se considera que la mayoría de los homosexualistas se casan y son padres, lo que técnicamente los convierte en bisexuales, condición cuya existencia niega con firmeza al menos una escuela de psiquiatría, alegando que un hombre debe ser una cosa u otra, lo cual es demostrablemente falso. Aunque debe reconocerse que no hay dos cosas iguales, y que por lo tanto un hombre tiene que preferir un específico a otro, esto no quiere decir que bajo el estímulo indicado, y en otro momento, no pueda acomodarse a ambos.

…Como quiera que sea, el sexo de cualquier tipo no es ni bueno ni malo, es."

Hace ya más de 40 años que contamos con la escala heterosexual-homosexual de Kinsey, y más de diez con la Cuadrícula de Orientación Sexual de Klein, deberíamos usarlas más seguido, podrían ayudarnos a aclarar el asunto de quién es y quién no heterosexual, homosexual o bisexual. Todo ser humano tiene derecho a ser juzgado inteligentemente por lo que realmente es —en toda su extensión y complejidad—, y a no verse reducido por el hacha torpe de la sociedad para ajustarse a su lecho de Procusto[3].

A continuación se ofrece una lista de personas notables, tanto pasadas como presentes, cuya identidad sexual ha sido distorsionada o escondida por nuestra obstinada insistencia en la teoría de "o esto o aquello".

Históricamente se tiende a catalogar a estas personas como homosexuales, y en algunos casos como heterosexuales, lo cierto es que resulta indudable que fueron y son bisexuales, esta propagación constante de la norma de "o esto o aquello" a costa de la verdad es otro ejemplo de la manipulación de la historia; una aplicación, en cierto sentido, del derecho de la gente a no saber.

Cuando en el siglo XVII, se le ofreció a Galileo la tortura y la muerte como alternativa por su respaldo a la cosmología copernicana, él escogió vivir, refrendando así el "derecho" de la gente a no saber que la Tierra gira alrededor del sol. La teoría de la inexistencia de la bisexualidad es, de la misma manera, una distorsión histórica de la verdad.

---

3   En la mitología griega, Procusto hijo de Poseidón, era un hermoso bandido y posadero del Ática o -según otras versiones- a las afueras de Eleusis. Procusto tenía su casa en las colinas, donde ofrecía posada al viajero solitario, allí lo invitaba a tumbarse en una cama de hierro donde, mientras el viajero dormía, lo amordazaba y ataba a las cuatro esquinas del lecho. Si la víctima era alta, Procusto la acostaba en una cama corta y procedía a serrar las partes de su cuerpo que sobresalían: los pies y las manos o la cabeza. Si por el contrario era más baja, la invitaba a acostarse en una cama larga, donde también la maniataba y descoyuntaba a martillazos hasta estirarla, según otras versiones, nadie coincidía jamás con el tamaño de la cama porque ésta era secretamente regulable, Procusto la alargaba o acortaba a voluntad antes de la llegada de sus víctimas. Procusto continuó con su reinado de terror hasta que se encontró con el héroe Teseo, quien se dejó seducir y lo sedujo a su vez; pero al entrar a la choza de Procusto, lo convenció para invertir el juego: lo amordazó y ató a la cama y, allí, lo torturó para "ajustarlo", cortándole a hachazos los pies y finalmente la cabeza.

Una **cama o lecho de Procusto** es un estándar arbitrario para el que se fuerza una conformidad exacta. Se aplica también a aquella falacia seudocientífica en la que se tratan de deformar los datos de la realidad para que se adapten a la hipótesis previa.

Bisexuales: Pasado y presente

Alexander the Great	Janis Joplin
Pietro Aretino	John Maynard Keynes
Baba Ram Dass (Richard Alpert)	Louis XIII
Joan Baez	Robin Maugham
Tallulah Bankhead	W. Somerset Maugham
David Bowie	Kate Millett
Francis Bacon	Harold Nicolson
Julius Caesar	Charles Reich
Catullus	Vita Sackville-West
Colette	Maria Schneider
Philip, Duke of Orleans	Ted Shawn
Edward II	Bessie Smith
Andre Gide	Sócrates
Henry III	Dorothy Thompson
Horace	Paul Verlaine
Janis Ian	Gore Vidal
James I	Oscar Wilde
Elton John	Virginia Woolf

La historia de la bisexualidad no ha dejado casi constancia alguna, sus testimonios son escasos. Para hallar materiales al respecto tuve que buscar en la historia de la homosexualidad, de ahí saqué a personas que son en realidad bisexuales, no homosexuales. El conocimiento histórico de la bisexualidad no emergerá de las sombras hasta que la gente admita al menos su realidad.

Si el lector percibe un tono estridente aquí, el autor se declara culpable; diré como atenuante que la estridencia no hace sino acompañar la emoción que siento de que quizá haya llegado por fin la hora de la idea del bisexual; de que nuestra cultura esté preparada ya para reconocer la existencia de la bisexualidad.

Una forma de empezar a demostrar la realidad de la bisexualidad es alentar la concentración en el *acto* homosexual o heterosexual, en contraposición a la *persona* homosexual o heterosexual. Si, por ejemplo, un empresario inglés hace un viaje de negocios a Francia y emplea allá lo que sabe de la lengua francesa, no por eso diremos que es francés, el acto de hablar francés lo vuelve bilingüe, pero él sigue siendo inglés, atravesar la barrera del lenguaje es un acto que de ninguna manera define a la persona, más allá de indicar que habla más de un idioma. Un ejemplo más pertinente aún es el del dramaturgo Tennessee Williams, quien fue "homosexual" toda su vida. En su autobiografía, *Memoirs* (Memorias), Williams asegura haber tenido al menos un encuentro sexual con una mujer, esa acción suya (muy satisfactoria, a juzgar por sus propias palabras) fue indiscutiblemente heterosexual, pero en su autobiografía él parece, pese a ello, casi exclusivamente homosexual, sin embargo, Williams cabría también en la lista de bisexuales, dada su capacidad para la acción heterosexual.

Ese acto aislado del señor Williams no provocará que se le llame heterosexual, mientras que *cualquier* actividad homosexual de parte de un heterosexual suele bastar para que se le crea homosexual, siendo así, la visión de "o esto o aquello" funciona en realidad en una sola dirección, para trasladar a todo aquel que no es 100 por ciento heterosexual hacia el bando homosexual, pero, como vimos en el caso de Oscar Wilde, esto oscurece más todavía, por supuesto, la identificación de la conducta general como bisexual... que es como habría que describir también a todos los demás individuos de mi lista.

Se eligió a estos bisexuales para integrar dicha lista porque, siendo famosos, se cuenta con pruebas documentadas de su preferencia sexual. No podría decirse lo mismo de, digamos, Miguel Ángel, pese a que sea indudablemente famoso. Con base sólo en evidencias circunstanciales, sabemos que Miguel Ángel era bisexual, pero no estamos completamente seguros de ello, porque no tenemos evidencias concluyentes que prueben cómo era en lo sexual. Una línea muy fina separa las evidencias concluyentes de las conjeturas, la suposición de un siglo puede ser la firme conclusión de otro. Quizá dentro de cien años, de descubrirse nuevas evidencias, sea posible incluir a Miguel Ángel en esa lista.

La historia mantiene vivos a los personajes históricos en el sentido de que nuestra opinión sobre ellos está sujeta a cambios, no los dejamos descansar en paz. En algunos casos, mil o dos mil años no bastan para responder todas las preguntas y dar por terminado el caso, esto puede decirse en particular de Alejandro Magno, el primero de la lista.

Hoy se concibe a Alejandro más como homosexual que heterosexual, pero pese a lo que Mary Renault denomina su "normal bisexualidad griega", hace apenas veinte años Richard Burton, en virtud de los tabúes contra la homosexualidad entonces vigentes, lo interpretó como heterosexual en una película hollywoodense por lo demás, notoriamente fiel a la verdad. Alejandro ha sido reclamado tanto por los heterosexuales como por los homosexuales. En este caso, el "derecho a no saber" de la gente ha sido formidable. Cabe señalar que, desde que emergió la "liberación gay", el derecho a no saber de los homosexuales, como en el caso de Alejandro, es tan vigoroso como el de los heterosexuales, ero aunque macedonio, Alejandro fue cultural, intelectual, emocional y sexualmente griego, vivió de acuerdo con la bisexualidad griega normal en su época. Vivió 33 años, no mucho,

Si hay algo de verdad en la teoría de que el individuo determina la historia (en contraposición con la visión tolstoiana de que los acontecimientos crean al individuo), entonces Alejandro, que a los 16 años fue nombrado regente de Macedonia por su padre, Filipo II, es un ejemplo sobresaliente. En su adolescencia sirvió en la guerra bajo las órdenes de su padre, y fue elevado al rango de general, al iniciar su veintena, su leyenda ya estaba establecida. Dos mil años después de su muerte, jefes afganos afirmarían ser sus descendientes directos.

Su razón para conquistar el mundo era hacerlo griego. Sus enemigos, que habrían podido detener sus ejércitos, temblaban de sólo saber que estaba en marcha. Como guerrero, veía lo imposible como un reto personal. En Sogdiana, él y su ejército enfrentaron lo que parecía una cuesta imposible de ascender, conocida como la Roca Sogdiana; en palabras de Mary Renault, "alta, escarpada, y repleta en la cumbre de cuevas bien provistas de comida y agua… El arribo a la cumbre fue de inspiración divina. Toda el área estaba nevada". Si Alejandro no hubiera acometido la tarea de vencer la Roca Sogdiana, no habría visto ni conocido a Roxana, hija del rey Oxiartes, se enamoró de ella a primera vista, perdonó la vida a la gente y su ciudad y pidió su mano en matrimonio.

Roxana se casó con un hombre al que ya sólo le quedaban cinco años de vida. En ese periodo, Alejandro siempre estaba lejos, en otro cerco; es evidente que no dedicó mucho tiempo a su mujer. Tras casarse con ella, tomó una segunda esposa, Barsine-Estateira, hija de Darío, a juzgar por los relatos de la ceremonia nupcial, ésta fue tan fastuosa que

Barsine sería considerada en adelante la consorte principal. Se ignora la opinión de Roxana sobre este segundo matrimonio, pero sus sentimientos fueron expresados con sangre cuando, durante el año posterior a la muerte de Alejandro, hizo ejecutar a Barsine y arrojar su cadáver a un pozo. Trece años más tarde ella también fue asesinada, junto con su hijo, Alejandro IV.

El lado heterosexual de la bisexualidad de Alejandro es obvio, conforme a los hechos mencionados, pero su lado homosexual es igual de claro. Cuando derrotó a Darío III de Persia, recibió como parte del botín a Bagoas, el eunuco más joven de la corte del rey, un chico de belleza excepcional y consumado cantante y bailarín. La estrecha relación entre los dos duró hasta la muerte de Alejandro, pero fue Hefestión quien compartió con él una relación amorosa de por vida, tanto emocional como sexual. Se conocieron de jóvenes, y a Hefestión se le describe como más alto y de mejor apariencia que el apuesto Alejandro. Habiéndose iniciado simplemente como miembro del regimiento de caballería del rey, Hefestión fue ascendido después al más alto rango militar y civil, y jamás fue derrotado en ninguna de sus misiones. Su inesperada muerte hizo que Alejandro casi perdiera la razón, el emperador permaneció postrado durante 24 horas sobre su cuerpo, hasta que sus amigos lo separaron a la fuerza; ayunó tres días sin parar de llorar, y sin que fuera posible acercársele. Prohibió toda música en la corte y los campamentos militares, ordenó luto en cada una de las ciudades del imperio y consagró a Hefestión su último regimiento, para que llevase su nombre a perpetuidad.

A causa de su cultura, la franca bisexualidad de Alejandro no era del todo inusitada. Cuando pensamos en este personaje, no pensamos en su vida sexual, formaba parte de él, igual que en todos los seres vivos, pero no se le recuerda por eso, ni es ése el motivo de su grandeza. Mas no ocurre lo mismo con otro conocido nombre de nuestra lista.

Oscar Wilde fue hijo de padres que estaban lejos de ser ordinarios, sobre todo el padre, quien también figuró en un juicio polémico. Sir William Wilde, célebre como médico e intelectual, y poseedor de un apetito sexual anormalmente agudo, fue acusado de violar a una de sus pacientes.

Oscar, segundo hijo de Sir William, habría de ser más famoso todavía, y de poseer tal vez un impulso sexual igualmente exigente. Pese a su perdurable importancia como dramaturgo, poeta, novelista y conversador, no dejamos de pensar en este hombre excéntrico, y hasta escandaloso, en relación con su instinto sexual, éste apuntaba hacia ambos sexos, aunque Wilde fue un bisexual secuencial. Durante los primeros 32 años de su vida fue un heterosexual sensual y entusiasta, y en los 14 restantes, hasta su muerte en París en 1900, un homosexual igualmente entusiasta y sensual.

Wilde fue acusado y procesado por prácticas homosexuales, declarado culpable y sentenciado a dos años de cárcel con trabajos forzados. Cuando se le liberó, estaba deshecho, como artista y como hombre, se le había condenado por cometer actos específicamente abominables para las normas morales de la época. Nuestra cultura, por efecto de su selectiva memoria colectiva, traduce esos actos en la imagen de un hombre exclusivamente homosexual, pese a su activa persecución sexual de mujeres hasta después de cumplidos los treinta. A Wilde le gustaban las mujeres en los niveles tanto emocional como sexual; se enamoró y se casó, no para encubrir convenientemente su homosexualidad, sino porque estaba muy enamorado de su esposa, igual que Alejandro de Roxana. Que esos dos amores se hayan enfriado no les resta validez en la vida de esos hombres, de la misma manera en que, por decir algo, el hecho de que Picasso cambiara de mujer cada diez años en el curso de una muy larga vida heterosexual no significa que *sólo* haya amado a la que vivía con él cuando murió.

En prisión, y con la esperanza de obtener una condonación anticipada de su sentencia, Wilde escribió una petición al Ministro del Interior, aunque en ella presentó lo que ahora llamaríamos un alegato de demencia temporal, en realidad se trata de mucho más que eso. Titulada "*De Profundis*", confirma vigorosamente la fama de Wilde como un gigante literario, y lo muestra como un abnegado padre de familia que amaba a sus hijos y lamentaba hondamente el sufrimiento que su conducta les había causado, tanto a ellos mismos como a su esposa, es obvio que usaba a su familia en un intento por asegurar su liberación, pero que haya dispuesto de ella para poder utilizarla, hallándose tras las rejas por haber cometido actos homosexuales, parece de importancia primordial y razón suficiente en sí misma para estimarlo como bisexual.

Los futuros historiadores que escriban la historia sexual de nuestra época (fechándola aproximadamente a partir de la publicación del primer estudio de Kinsey, en 1948) tendrán un camino más allanado que el de sus antecesores. Las generaciones pasadas fueron en su mayoría reticentes a revelar su preferencia sexual si difería de la norma, en efecto, en general la única forma en la que los estudiosos de la historia pueden estar seguros de que sus sujetos tuvieron siquiera vida sexual, suele ser que hayan dado hijos. Podemos especular, por ejemplo, en la bisexualidad de Miguel Ángel, o ponderar la visión que Lytton Strachey tenía del esposo de la reina Victoria, Alberto, como bisexual, pero la franca admisión de bisexualidad por una persona del pasado, destacada o no, es sumamente rara.

"Fui un idiota", le dijo W. Somerset Maugham a su sobrino Robin Maugham (citado por éste en su libro *Escape from the Shadows* [Huida de las sombras]), "y lo peor es que, si volviera a vivir, probablemente cometería los mismos errores."

"¿Qué errores?", preguntó el sobrino.

"M...mi error más grande fue éste", tartamudeó el escritor: "Intentar convencerme de que era tres cuartos normal y que sólo un cuarto de mí era maricón, cuando en realidad era exactamente al revés."

W. Somerset Maugham fue un escritor muy prolífico y exitoso, con tal fuerza creativa y asiduidad que año tras año producía novelas, obras de teatro, cuentos y ensayos, en su mayoría tan legibles en la actualidad como cuando los escribió. *Of Human Bondage* (La servidumbre humana), su primera novela de éxito, sigue siendo ampliamente leída y disfrutada 50 años después de su publicación. *Cakes and Ale* (Pasteles y cerveza), su novela preferida, es tan hábil en su ejecución narrativa y tan intensa en su emotividad que ha recibido elogios aun de críticos menos que entusiastas de la obra de Maugham en su conjunto. Es indudable que los dos libros ya mencionados, *The Razor's Edge* (El filo de la navaja) y casi todos los cuentos de este autor habrán de sobrevivir mucho tiempo.

La bisexualidad de Maugham no se manifestó hasta alrededor de

1908, cuando él tenía 34 años. Once años antes, el éxito de su primera novela le permitió abandonar la idea de ser médico y dedicarse a escribir. Sus piezas teatrales le ganaron pronta aclamación, y mucho dinero, para cuando se enamoró de una actriz (identificada sólo como Nan), ya gozaba de independencia económica, "Ella tenía la sonrisa más bella que yo hubiera visto nunca en un ser humano", dijo de esa mujer, de la que estuvo enamorado ocho años. Mientras ella actuaba en una obra en Chicago, él pidió su mano en matrimonio, pero Nan la había prometido ya al hijo de un conde, con quien se casó semanas después. Esta pérdida obsesionó a Maugham toda su vida, el personaje de Rosie en *Cakes and Ale* está basado en Nan.

W. Menard cita a Maugham en *The Two Worlds of Somerset Maugham* (Los dos mundos de Somerset Maugham):

> "Nunca fui lo que se dice un mujeriego, no tenía el atractivo ni temperamento (y tampoco el tiempo) para ello. En mi compañía, casi todas las mujeres se mostraban incómodas, y hasta regañonas, como si intuyeran que resultaban transparentes para mí, y que conocía muy bien sus pequeñas y sucias jugarretas. Creo que la mayoría de las mujeres que se acostaron conmigo lo hicieron por curiosidad, o me aceptaron como amante temporal para mantener su norma de copular únicamente con caballeros famosos y adinerados, o por beneficio propio."

En razón de que se consideraba menos que atractivo para las mujeres, Maugham se acercaba a ellas con cautela. Que, pese a ello, tuvo varias aventuras con mujeres, es evidenciado por su afirmación de que nadie debía preocuparse por el hecho de que su autobiografía revelara los nombres de "las diversas mujeres con quienes tuve relaciones que aún viven".

Se casó una vez, no fue un matrimonio feliz, ella se llamaba Gwendolen Syrie Barnardo. Maugham era soltero, rico y vulnerable, tras conseguirlo como amante, la señorita Barnardo lo acusó de embarazarla, ella intentó suicidarse, forzando así el matrimonio. Aunque Maugham no estaba seguro de que la criatura fuera suya, dijo: "No soportaba pensar en cuál sería su futuro si yo no me casaba con su madre". El matrimonio duró diez años y terminó en divorcio.

Robin Maugham, bisexual él mismo, retoma la historia: "Pero aparte de la obvia incompatibilidad de caracteres, el matrimonio estaba destinado al fracaso, porque aun antes de casarse con Syrie, Willie [el sobrenombre de Maugham] había conocido a Gerald."

Gerald fue secretario y amo de llaves de Maugham, servicios que en la sociedad victoriana solían correr a cargo de una buena esposa. Administraba la casa, llevaba las cuentas y contribuía a crear el ambiente de hospitalidad general en las reuniones. "Pero para mí también era obvio", escribe Robin Maugham, "que Willie dependía de Gerald para conseguir muchachos que entraran sigilosamente a la Mauresque por la puerta trasera, y se acostaran con él."

Si Maugham era tres cuartos "maricón" y uno "normal", debe haber habido muchos jóvenes en su vida. A lo largo de ella, la imagen pública de Maugham fue la del caballero inglés, el miembro del club, el escritor de éxito, un poco tieso pero no desprovisto de encanto. Y si bien no se rendía a una suerte de celibato, ciertamente sí lo hacía a una inepta especie de heterosexualidad, ahora, en su tumba, Maugham es incorrectamente tildado de homosexual inquieto, angustiado y hasta triste.

"Ningún hombre es de una pieza", dijo a su sobrino. "Está hecho de egoísmo y generosidad, crueldad y benevolencia." La diversidad de su visión artística se reflejó en su vida bisexual. Somerset Maugham fue una rara excepción: en su tiempo muy pocos declaraban su inclinación bisexual. *Familiar Faces, Hidden Lives* (Caras conocidas, vidas ocultas), título de la autobiografía del doctor Howard Brown, quien era homosexual, lo expresa de modo apropiado, para los bisexuales, la "puerta del clóset" suele estar aún más firmemente cerrada.

Tal es el caso de Sidonie Gabrielle Colette, conocida por el mundo sencillamente como Colette. Esta autora vivió hasta los 81 años, habiendo escrito más de 70 libros entre 1900 y su muerte, ocurrida en 1954. Fue honrada no sólo con la Gran Cruz de la Legión de Honor y el puesto de Presidenta de la Academia Goncourt, sino también con un funeral de Estado, lo que la convierte en la única mujer en la historia de Francia que ha recibido ese honor. Su novela *Chéri* (Querido) es la más famosa de todas, aunque en Estados Unidos quizá sea aventajada por *Gigi*, que también fue llevada al teatro y al cine.

Colette se casó tres veces: su primer matrimonio, a los 20 años con Henri Gauthier-Villars, duró 13 años; seis años más tarde se enamoró del editor Henri de Jouvenel, un año después de casarse con el dio a luz a su única hija, también llamada Colette, su segundo matrimonio se disolvió luego de 12 años; más tarde volvió a enamorarse y casarse, esta vez con Maurice Goudeket, escritor de quien siempre dijo en sus últimos años que había sido su mejor amigo.

Relatos de estos asuntos heterosexuales del corazón pueden hallarse en todas las biografías de Colette, pero los aspectos homosexuales de su bisexualidad siempre se tratan con reserva, y no porque no hayan existido, creo yo, sino por el estigma usualmente conferido a la bisexualidad, a resultas del cual se le destina a la inexistencia.

Cuando Colette dejó a su primer esposo, hizo amistad con la marquesa de Belboeuf, conocida como "Missy". "Missy", quien vestía de hombre y amaba exclusivamente a las mujeres, la llevó a su casa, donde permaneció varios meses. En la biografía de Colette, publicada en 1975, Yvonne Mitchell escribe: "Aunque compartía la cama con su amiga, su relación con 'Missy' era ambigua." En *Willy, Colette et Moi* (Willy, Colette y yo), Bonmarriage afirmó que Colette había tenido aventuras con una actriz llamada Polaire, con "Missy" y con varias mujeres más. En su primera biografía, de la escritora Margaret Crosland, intentó negar esos hechos: "Se decía que Colette era lesbiana a causa de que sentía curiosidad por las mujeres, las que le parecían tan interesantes como los hombres, si no es que más", pero en su segunda biografía, publicada en 1973, describe una honda amistad emotiva y física entre "Missy" y Colette: "La relación entre ellas podría describirse convenientemente como *amitié amoureuse* (*amistad amorosa*), término mucho más expresivo que 'lesbianismo' e imposible de definir en términos simples."

La obra de Colette trata sobre todo de las relaciones entre hombres y mujeres. En sus novelas y ensayos, sin embargo, también se ocupa de los afectos y amores bisexuales. Por regla general, escribía sólo de lo que sabía, es evidente que conocía muy bien lo extenso y profundo del amor humano.

Uno de los puntos más altos en la historia de la civilización occidental fue alcanzado en la antigua Grecia, en esa cultura, la bisexualidad era franca y apreciada. La sensualidad se tenía en alta estima, junto con sus aspectos concomitantes de amor y belleza, el goce sensual era reconocido por los grandes pensadores de Grecia como un ideal legítimo, necesario para la felicidad, aunque las leyes sociales eran rigurosas, la opinión pública no condenaba la sensualidad ni sus manifestaciones. Una ética elevada, combinada con el amor de los sentidos, creó una cultura superior.

Los griegos asignaban a las mujeres dos papeles: madre y cortesana. Eran madres la gran mayoría de ellas; el matrimonio y la maternidad fueron muy venerados. La esposa tenía el completo manejo y control de los asuntos domésticos y la crianza de los hijos, de las hijas hasta el matrimonio, y de los hombres hasta el inicio de la pubertad, cuando el control era asumido por los varones. El papel de la mujer estaba subordinado al del hombre. La educación, en especial en la cultura helénica, sólo estaba por lo común al alcance de los hombres. Las mujeres aprendían de su madre a hilar y coser. Los griegos creían que la mujer no debía salir de su casa, donde no tenía necesidad de una cultura libresca.

En *Civilization* (Civilización), Clive Bell brinda una excelente descripción de esos dos papeles:

> "...el ama de casa es una trabajadora; y al ama de casa ateniense se le reconocía como tal. Era tratada con el respeto debido a todo trabajador capaz y honesto; pero, dada la naturaleza de sus intereses y ocupaciones, no pertenecía a la elite civilizada y civilizadora... [Los atenienses] dividían a las mujeres en dos grupos: uno grande y activo compuesto de excelentes criaturas normales cuya pasión predominante era criar a sus hijos y hacerse cargo del hogar, y uno pequeño y ocioso integrado por mujeres con gusto por la civilización, a este último pertenecían, o tendían a pertenecer, las jóvenes de excepcional inteligencia y sensibilidad, nacidas con afición por la independencia y los asuntos de la mente."

A este último grupo, el de las cortesanas o hetairas, los atenienses destinaban respeto, adoración e intimidad, ellas se distinguían por su ingenio e inteligencia, como detalla Clive Bell: "Se les admiraba en público tanto como se les adoraba en privado. Coqueteaban con Sócrates y sus amigos, y se sentaban a los pies de Platón y Epicuro."

Se cuenta de un joven que en una ocasión no se puso de pie ante Dercillidas, famoso pero soltero general espartano, diciendo: "No has engendrado a nadie que un día haya de cederme el paso." Esta actitud era frecuente; en la civilización griega el matrimonio se consideraba un deber para con los dioses, a fin de que el ciudadano dejara descendientes que garantizasen la existencia del Estado, de hecho, una ley promulgada por Licurgo castigaba a los hombres que no se casaban.

En esta cultura se exaltaba no sólo el amor del hombre por la mujer, sino también el del hombre por el hombre, el cual se idealizaba y estaba muy extendido. En *Sexual Life in Ancient Greece* (La vida sexual en la antigua Grecia), Hans Licht escribe:

> "Para facilitar la comprensión del amor helénico por los jóvenes, sería conveniente decir algo sobre el ideal griego de belleza... La antigüedad trataba al hombre, y sólo a él, como centro de toda la vida intelectual, esto explica que la educación y desarrollo de las mujeres se descuidara en una forma que hoy apenas podemos comprender; de los jóvenes, en cambio, se suponía que debían continuar su educación mucho después de lo que se acostumbra entre nosotros. El hábito más peculiar para nuestras ideas era que cada hombre atrajera a un niño o muchacho, y que, en la intimidad de la vida diaria, actuara como su consejero, guardián y amigo, inculcando en él todas las virtudes masculinas... No es en absoluto de sorprender, así, que el amor sensual de los griegos se haya dirigido también hacia sus jóvenes y que hayan buscado y encontrado comunidad espiritual en el trato carnal con ellos. Al ideal de belleza contribuía el rico y muy desarrollado talento intelectual de los muchachos que hacía posible la conversación racional..."

Dice Platón en el *Simposio*:

> "...Pues imposible me es mencionar mayor beneficio para la suerte de un mancebo que un amante virtuoso, y para el amante que un joven amado... Si hubiese forma entonces de que un Estado o ejército se compusiera de amantes y favoritos, ellos llevarían los asuntos mejor que nadie, siempre que se abstuvieran de todo acto vergonzoso y compitiesen entre sí con rivalidad honesta."

El amor de los griegos por los jóvenes era alto y sagrado, así lo era también la inclinación de Safo por personas de su mismo sexo. Uno de los temas filosóficos favoritos de la literatura antigua es la pregunta de si el amor de un hombre por una mujer debe preferirse siempre al de un hombre por un muchacho. En *Erotes*, Licino responde así a esa pregunta:

> "El matrimonio es para el hombre necesidad apremiante y algo precioso, de ser feliz; pero el amor de los muchachos, por cuanto que corteja los sagrados derechos del afecto, es resultado en mi opinión de sabiduría práctica. Que el matrimonio sea entonces para todos, pero que el amor de los muchachos siga siendo privilegio de los sabios."

Muchos historiadores creen que la bisexualidad fue un factor importante en la grandeza de Grecia. Cuando menos en la antigüedad hallamos una cultura civilizada que no se sintió amenazada por la bisexualidad de sus ciudadanos.

El hilo de la historia bisexual no termina con la caída de Atenas, pero como influencia civilizadora se vuelve casi invisible tras la muerte de Alejandro Magno. Aunque practicada siempre, a la bisexualidad nunca volvió a concedérsele un papel reconocido en la formación de la civilización occidental, pero unos 2 200 años más tarde, un pequeño rincón de la civilización occidental habría de resultar excepcional.

Un día de 1904, el joven Lytton Strachey, quien alcanzaría fama y aclamación crítica como biógrafo de las reinas Isabel y Victoria, llegó a tomar el té al número 46 de Garden Square, en Bloomsbury, invitado por Vanessa y Virginia Stephen, hijas de Sir Leslie Stephen, muerto en febrero de ese año; fue así como empezó el que habría de conocerse como el grupo de Bloomsbury. Vanessa se casaría con Clive Bell y Virginia se mudaría a una residencia cercana, en 29 Fitzroy Square, para unirse más tarde en matrimonio con Leonard Woolf. "Si alguna vez existió la entidad llamada Bloomsbury", escribió Clive Bell, "aquellas hermanas, con sus casas en Garden y Fitzroy Squares, fueron su eje".

Era en el estudio de la planta baja de la casa de Virgina Woolf donde esos amigos se reunían los jueves por la tarde, a consumir whisky, bollos, chocolate y conversación. El espíritu de tales reuniones se nutría de la conciencia de los presentes de que vivían en una época en que era posible movilizar al máximo todos los beneficios de clase, educación, inteligencia, independencia económica y ocio. Desarrollaron una norma de valores masculinos y femeninos dirigida hacia la supremacía del progresismo; ningún hombre o mujer sería visto en los papeles estereotipados que la sociedad imponía, ninguno de los miembros del grupo de Bloomsbury careció de cierto grado de experiencia bisexual. El que todos ellos produjeron un enorme conjunto de obras de importancia es testimonio, en parte, de los ideales bisexuales y andróginos que los animaban.

Para el grupo de Bloomsbury no había deidad alguna, pero a G. E. Moore, filósofo de Cambridge y autor de *Principia Ethica* (Principios de ética), se le tenía una especie de reservada veneración, también su filosofía incluía el ideal andrógino caro al corazón de estos contertulios de los jueves, la razón y pasión que excluían la violencia eran vistas como ideales igualmente importantes. El propósito del humanismo de Cambridge detrás de la filosofía de Moore era sencillamente "la propagación de la civilización".

Hoy vemos con asombro a este colectivo, tanto por lo mucho que lograron intelectual y artísticamente tales escritores, pensadores, pintores y críticos bisexuales, como por la conciliación que consiguieron entre los aspectos masculinos y femeninos del ser.

¿Quiénes integraban este grupo, el cual sostenía que el mundo exterior de la acción y las cosas materiales, por importante que fuese, era apenas una vela junto al sol del espíritu; las virtudes del valor, la tolerancia y la honestidad, y la expresión individual de la emoción y la inteligencia? Eran amigos antes de que fueran famosos; antes de que cualquiera de ellos aprendiera a hacer mucho más que enriquecerse unos a otros con una conversación brillante, que reforzaba y alimentaba su talento individual. Virginia Woolf escribiría en su libro *The Death of the Moth* (La muerte de la polilla): "La única crítica que vale la pena recibir es la que se dice entre copas de vino y tazas de café a altas horas de la noche, emitida al calor del momento por personas de paso que no tienen tiempo de acabar sus oraciones."

Junto con Roger Fry, Clive Bell fue el primero en presentar a los pintores postimpresionistas a un Londres escandalizado. John Maynard Keynes, otro miembro del grupo de Bloomsbury, se convertiría en *el* economista de su tiempo y, según algunos, también del nuestro. Lytton Strachey ha sido llamado biógrafo de biógrafos, y el escritor más interesante entre quienes cultivan ese género. Leonard Woolf hizo de Hogarth Press una de las casas editoriales más impresionantes de todos los tiempos, y él mismo fue un escritor talentoso y dotado de conciencia social, ahí estaba también E. M. Forster, cuyas acreditaciones apenas si es necesario enumerar. En la National Portrait Gallery de Londres cuelgan testimonios del impresionante talento de los pintores Duncan Grant y Vanessa Bell. En el centro del grupo estaba el genio luminoso de Virginia Woolf. Todos ellos eran extraordinarios, individual y colectivamente, y como en el caso de los griegos, su bisexualidad fue un fenómeno concomitante de sus logros, casi todos —si no es que todos— los bloomsburies fueron bisexuales no solo en acción, sino también en perspectiva psicológica, a la manera de los griegos, esta perspectiva es de especial interés. La polarización sexual común a la época de los bloomsburies —y en esencia también a la nuestra— era vista por ese grupo como indeseable, y aun destructiva, y es notable que sus miembros hayan conseguido trascenderla.

En *Toward a Recognition of Androgyny* (Hacia el reconocimiento de la androginia), Carolyn G. Heilbrun escribe acerca de Lytton Strachey:

"Él comprendía al menos, que la dulzura sin inteligencia ni energía, es tan inútil como destructiva es la dominación masculina sin el equilibrio de la feminidad. En quienes logran muchas cosas, los elementos suelen estar tan bien combinados que la humanidad puede ponerse de pie y decir: he aquí a un ser humano."

La visión de este equilibrio extraordinario en cada hombre y mujer distingue al grupo de Bloomsbury, y le concede un lugar importante en la historia de la bisexualidad. La señora Heilbrun escribe asimismo de Virginia Woolf:

"La particular contribución de Holtby como crítico de Woolf es haber percibido que la visión central de esta autora incorpora menos una tensión interna entre las inclinaciones masculina y femenina que la búsqueda de una nueva síntesis… La vista de dos personas, hombre y mujer, en un taxi, que a Woolf le parecía una metáfora de la conjunción de los dos sexos más que de su separación en fuerzas antagónicas, fue aprovechada por Holtby como símbolo de la visión andrógina de Woolf."

Miles de años pasaron entre los griegos y los bloomsburies. Casi un siglo separa a Oscar Wilde de Gore Vidal. Al indagar en el pasado bisexual, este historiador muy amateur dio a menudo con roca firme pocos metros abajo. Es indudable que más allá hay un tesoro, que algún día pueda desenterrarse dependerá, sospecho, de nuestro compromiso presente y futuro con el descubrimiento de la verdad de la sexualidad humana en general. Apenas medio siglo separa a Sigmund Freud del informe Kinsey, el futuro próximo parece promisorio.

EL BISEXUAL VISTO POR LAS ARTES

Se ha generado considerable ambivalencia hacia la figura del bisexual en las artes, incluidos la literatura y el cine. Considérense dos películas muy exitosas de propósito serio: *Women in Love* (Mujeres Apasionadas) y *Sunday, Bloody Sunday* (Domingo, maldito domingo). Ambas tienen un eje visiblemente bisexual en el centro de su línea narrativa. *Sunday, Bloody Sunday*, basada en un guión original de Penelope Gilliatt, se ocupa de personas y acontecimientos. *Women in Love*, adaptación de la novela homónima de D. H. Lawrence, se ocupa más bien de ideas, pero describe la bisexualidad en forma más convincente que *Sunday, Bloody Sunday*, dada su concentración en la idea del bisexual antes que en el bisexual en acción, en la "realidad". Con demasiada frecuencia, el tratamiento "realista" de un tema, sencillamente significa asumir de modo inadvertido los prejuicios y miopía actuales, como el mito de la inexistencia. Es el artista que busca la verdad, más que el que muestra la realidad, el que ha dado a la bisexualidad sus acreditaciones más persuasivas.

En *Sunday, Bloody Sunday* el papel bisexual recae en Bob, un joven superficial e insulsamente atractivo que controla al mismo tiempo el amor de dos personas: un respetado médico londinense que también es homosexual y una mujer a mitad de la treintena de años, divorciada y realmente fascinante en su implacable búsqueda de dirección y propósito en una existencia estancada; tanto el médico como la mujer son personajes plenos y magistralmente ejecutados, compasivos y dotados de inteligencia y encanto. El eslabón débil en la película es Bob, el bisexual, a quien se describe tan falto de sentimientos que uno no puede menos que preguntarse por qué la mujer y el médico están tan enamorados de él. En la historia, él es opaco, ensimismado y endeble, casi al punto de la ausencia, aunque sin él no habría historia en absoluto, en resumen, se trata de un personaje de importancia cuya ambigüedad lo reduce a efecto irrelevante: como *personaje*, es inexistente.

El talento combinado de los realizadores de esta película es de llamar la atención. Es éste un filme inteligente, comprensivo, producido por individuos normalmente asociados con obras creativas y responsables, todos los demás personajes reciben una definición apropiada. ¿Por qué fracasan ellos entonces frente al bisexual?, ¿la suya es conscientemente una crítica feroz?, no lo creo, la película y sus realizadores son demasiado honestos para tal cosa, pero como ya se señaló, aun artistas dotados y con buenas intenciones están condicionados por el mismo omniabarcante mito de la inexistencia que invade a su público.

Women in Love acierta al transmitir su idea del bisexual mediante el personaje de Rupert Birkin (basado en el propio D. H. Lawrence), un joven que persigue el amor de Ursula, por un lado, y el de su amigo Gerald por el otro.

Situada a principios de la década de 1900, la novela (igual que la película) termina con una escena en la que Ursula y Birkin conversan tranquilamente al pie de un molino rural:

—¿Necesitabas a Gerald? —preguntó ella...

—Sí —dijo él.

—¿No soy yo bastante para ti? —preguntó ella.

—No —dijo él—. Eres bastante para mí por lo que respecta a una mujer, eres para mí todas las mujeres, pero yo deseaba un amigo hombre, tan eterno como somos tú y yo.

—¿Por qué no soy bastante? —dijo ella—. Tú eres bastante para mí. No quiero nada más que tú. ¿Por qué no te pasa a ti lo mismo?

—Teniéndote, puedo vivir toda mi vida sin nadie más, sin ninguna otra intimidad absoluta, pero para hacerlo completo, realmente dichoso, deseaba también unión eterna con un hombre: otra clase de amor —dijo.

—No lo creo —dijo ella—. Es una terquedad, una teoría, una perversión.

—Bien... —dijo él.

—No puedes tener dos clases de amor, ¿por qué habrías de tenerlas?

—Parece que no puedo —dijo él—, sin embargo, lo deseaba.

—No puedes tenerlo porque es falso, imposible —dijo ella.

—No creo eso -respondió él.

La de Birkin es, por así decirlo, una voz bisexual en el desierto. Sentimos por él lo que no sentimos por Bob en *Sunday, Bloody Sunday*, aun si nuestra visión personal de la intimidad sexual está dictada por una postura de "o esto o aquello", porque aquí la idea del bisexual se ubica a significativa distancia de la realidad bisexual: en *Sunday, Bloody Sunday* vemos a Bob en escenas de amor con el médico y la mujer; *Women in Love* sólo nos muestra directamente sexo heterosexual. La prolongación bisexual se representa en un combate de lucha libre entre Birkin y Gerald, en el que la idea del sexo entre ellos se expresa únicamente en su represión. Se trata de una escena muy erótica, en ella vemos la naturaleza bisexual de Birkin pugnar por expresarse, no lo consigue y este fracaso es la base del éxito de la idea de la película.

Al intentar abordar la realidad bisexual en otra novela, *The Fox* (El zorro), Lawrence, creo yo, desperdicia la idea al crear a una bisexual con un final trágico, por considerarse un fracaso en el amor. Cuando se le aborda directamente, el bisexual suele ser descrito de esa manera en novelas, películas y obras teatrales, aunque también —pese a la verosimilitud de la historia— como malvado, neurótico, destructivo, superficial, obsesivo, mentiroso y falso, y a veces ni siquiera como bisexual sino como homosexual, con todas las características negativas que la sociedad atribuye a esta condición.

Con raras excepciones, entonces, el bisexual en acción, cuando se le describe siquiera, es visto en forma negativa. El apéndice A delinea varias tramas y analiza en detalle el modo en que nuestra cultura ve la "realidad" bisexual.

En la Tabla I, que aparece en seguida, se enlistan las obras cubiertas en el apéndice mencionado, y se indica cómo se ve al bisexual.

Tabla I

Work	Form	Bisexual Treatment
1. The Fox (El zorro)	Novela Película	Ellen: ambivalente, un fracaso, la causa de la muerte de su amante
2. Giovanni's Room (El cuarto de Giovanni)	Novela	a. David: vacilante, débil, neurótico b. Giovanni: villano, asesino, castigado con la muerte
3. "The Sea Change" ("El gran cambio")	Cuento	La amante: indigna de confianza, lastima a quien ama
4. Sunday Bloody Sunday (Domingo, maldito domingo)	Película	Bob: incapaz de amar profundamente, lastima a quienes ama
5. Advise and Consent (Consejo y consentimiento)	Novela	Senador Anderson: es chantajeado, se suicida
6. Butley	Obra de Teatro Película	Butley: indeciso, lo hieren, y está traumado
7. Death in Venice (Muerte en Venecia)	Película	Aschenbach: un desecho y fracaso heterosexual
8. The Front Runner (El puntero)	Novela	Harlan Brown: se le ve como homosexual
9. The War Widow (La viuda de guerra)	Teleplay	Amy: se le ve como lesbiana
10. Dog Day Afternoon (Tarde de perros)	Película	Sonny: un bisexual de verdad retratado en forma realista
11. Portrait of a Marriage (Retrato de un matrimonio)	Biografía	Vita y Harorld Nicolson: una pareja bisexual de verdad retratada en forma realista
12. Teorema	Película	Joven bisexual visto como símbolo
13. Face to Face (Cara a cara)	Película	Thomas: bisexual visto como símbolo
14. Gemini (Géminis)	Obra de Teatro	Francis: bisexual tratado con simpatía y bajo una luz positiva
15. The Shadow Box (El adversario imaginario)	Obra de Teatro	Brian: la bisexualidad no como problema, sino como hecho innegable

Bisexuality: A Reader and Sourcebook (Bisexualidad. Lecturas y referencias, 1990), de Thomas Geller, ofrece una lista de más filmes y piezas teatrales del mundo entero que se ocupan de la bisexualidad.

Parece claro entonces que, cuando las artes tratan verazmente y con equilibrio la bisexualidad, lo hacen en el nivel abstracto de las *ideas*, más que en el de la descripción realista o pseudorrealista de personajes y acontecimientos.

En *Orlando*, por ejemplo, Virginia Woolf adopta el papel de biógrafa para crear una sugerente alegoría de la unión de los principios masculino y femenino en cada individuo. Dado que la historia opera en el nivel de la fantasía, la transformación del joven noble Orlando, en la noble *Orlando*, parece natural, aceptable. (Para un análisis detallado del tratamiento por Virginia Woolf de la "idea" del bisexual, véase apéndice A, pág. 191.) Pero pese a su imaginativo juego con el género y el tiempo, Orlando describe un mundo reconocible, habitado por personas cuya primera pregunta al nacer un niño es la consabida. La transformación de Orlando de hombre en mujer es secuencial: una vez consumada, él se vuelve ella, y los demás la tratan como mujer. Woolf no insinúa nunca la posibilidad de que Orlando vuelva a ser hombre, o de que vaya y venga de un género a otro a voluntad. Además, Orlando tiene que desempeñar un papel masculino convencional como hombre y un papel femenino convencional como mujer. En su mundo, la permeabilidad de la barrera del género está severamente limitada; sólo se quebranta una vez, y ese mundo es como el nuestro en cuanto que lo masculino es visto como fuerte y protector, y lo femenino como débil y necesitado de protección. En un mundo así, el respeto puro al ser humano como ser humano es, en el mejor de los casos, difícil.

Para obtener una visión efímera de una sociedad en la que las personas son algo más que "hombre" o "mujer", donde la madre de varios hijos pueda ser padre de otros más, tenemos que ubicarnos en otro mundo, como lo hizo Ursula K. LeGuin en su premiada novela de ciencia ficción *The Left Hand of Darkness* (La mano izquierda de la oscuridad).

La idea del bisexual en *The Left Hand of Darkness* (un resumen de cuya trama y relación con la bisexualidad se encuentra en el apéndice A, pág. 194) radica en el contraste que traza con el dualismo sexual que invade el pensamiento de nuestro mundo, donde hombres y mujeres ejercen los papeles masculino y femenino que se les asignan desde que nacen, esto incluye al bisexual, quien al conocer a otra persona también la encierra en el papel de hombre o mujer al tiempo que adopta uno u otro de los roles preestablecidos. Si estos roles no fueran tan rígidos, podríamos hallarnos en un mundo con más amplia cabida para la humanidad auténtica; para el crecimiento y cambio de las personas, así como la exploración de sí mismas y de los demás.

Eso es, después de todo, la bisexualidad: simplemente otra dimensión de la sexualidad, lo único que en verdad la distingue de las demás sexualidades es que el bisexual se erotiza con los dos géneros. En obras de fantasía como *Orlando* y *The Left Hand of Darkness*, la idea del bisexual puede remontarse a veces a las alturas. En la realidad, nuestras represiones sexuales siguen estando con nosotros y la realidad persiste así en representaciones artísticas, aun en manos de artistas de genio, el bisexual suele permanecer cercado.

En *Women in Love*, los personajes de Birkin, Ursula, Gerald y Gudrun son puestos contra el telón de fondo de una pequeña ciudad minera de la región central de Inglaterra, llamada Beldover. Se trata de personas de carne y hueso que viven en un mundo muy real, de implacable represión victoriana. Por lo que toca a su apariencia exterior, son heterosexuales: Birkin es la pareja de Ursula, y Gerald la de Gudrun, pero Lawrence desarrolla entre los dos hombres una repulsa mutua, a veces expresada en forma oblicua, otras de manera directa, aunque siempre de modo muy embrollado.

Considérese la siguiente escena durante una fiesta nupcial, en la que Lawrence muestra la atracción inexorable entre los dos hombres, aunque por medio de la tensión entre sus irreconciliables valores:

—¿Verdad que no crees en ninguna pauta de conducta? —dijo de modo desafiante, censurando a Birkin.

—Pauta… no, odio las pautas, pero son necesarias para la plebe. Todo el que es algo puede sencillamente ser él mismo y hacer lo que desee.

—Pero, ¿qué quieres decir con ser él mismo? —dijo Gerald—. ¿Es eso un aforismo o un cliché?

—Quiero decir sencillamente hacer lo que deseas hacer. Creo que Laura hizo perfectamente bien escapando de Lupton en dirección a la puerta de la iglesia, creo que fue casi una obra maestra. La cosa más difícil del mundo es actuar espontáneamente a partir de los propios impulsos y es la única cosa caballerosa que puede hacerse, suponiendo, claro, que esté uno preparado para hacerlo.

—¿No esperarás que te tome en serio, verdad? —preguntó Gerald.

—Sí, Gerald, eres una de las muy pocas personas de quienes espero eso.

—Pues entonces temo no poder estar a la altura de tus expectativas aquí en ningún caso. Piensas que las personas debieran actuar justamente como desearían.

—Pienso que así lo hacen siempre, pero me gustaría que deseasen lo puramente individual en ellos mismos, lo que les hace actuar singularmente y a ellos sólo les gusta hacer lo colectivo.

—Y a mí —dijo ácidamente Gerald— no me gustaría estar en un mundo de personas que actuaran individual y espontáneamente, como dices, todos estarían cortando la garganta de todos en cinco minutos...

Hubo una pausa de extraña enemistad entre ambos hombres, muy próxima al amor. Siempre les sucedía lo mismo; su conversación les llevaba siempre a una mortal proximidad de contacto, a una intimidad extraña, peligrosa, que no era odio o amor, ni ambas cosas. Se separaron con despreocupación aparente, como si fuese una ocurrencia trivial, sin embargo, el corazón de cada uno estaba herido por el del otro, ardían uno con otro, interiormente, jamás lo admitirían, pretendían mantener su relación como una amistad casual y sin complicaciones, no iban a ser tan poco viriles y naturales como para permitir ningún incendio pasional entre ellos. No creían, ni por lo más remoto, en una relación profunda entre hombres, y su falta de creencia impedía cualquier desarrollo de su poderosa pero reprimida afinidad amistosa.

Gerald y Birkin están muy interesados en las mujeres a su alrededor, tanto emocional como sexualmente. Lawrence no sugiere de ninguna manera que repriman el deseo de una relación exclusiva entre sí, no son homosexuales de clóset. Su problema es más complejo y sin embargo es simple: se aman uno a otro. Y Lawrence quisiera que pudieran expresar francamente su amor, pero es un escritor demasiado honesto para hacer que ocurra algo que *no puede* suceder, dada la época, el lugar y los personajes implicados, así, la tensión sexual entre los dos hombres es fuerte, pese a estar disimulada.

—Gerald, más bien te odio.

—Ya lo sé —dijo Gerald—. ¿Por qué?

Birkin se quedó absorto inescrutablemente durante algunos minutos.

—Me gustaría saber si eres consciente de odiarme —acabó diciendo—. ¿Me has detestado alguna vez conscientemente?, ¿me has odiado con odio místico? Hay momentos en que te odio estelarmente.

Gerald quedó más bien apocado, incluso un poco desconcertado, no sabía del todo qué decir.

—Naturalmente, puedo odiarte a veces —dijo—pero no soy consciente de ello…, quiero decir nunca agudamente consciente.

—Tanto peor —dijo Birkin…

Hubo entre los dos hombres silencio durante algún tiempo, mientras el tren avanzaba. En el rostro de Birkin había una pequeña tensión irritable, un nudo agudo del entrecejo, penetrante y difícil. Gerald le contemplaba cautelosa, cuidadosamente, más bien calculadoramente, porque no podía decidir a dónde iba.

Durante un viaje de invierno al continente, Gerald muere, un suicidio al parecer. A nadie afecta tanto su muerte como a Birkin. Le dice a Ursula:

—Él debía haberme amado, yo se lo ofrecí.

Ella, temerosa, blanca, con labios mudos, contestó:

—¡No habría servido de nada!

—¡Al contrario! —dijo él—, ¡al contrario!

La suerte de Gerald es sellada por Lawrence en una escena anterior, en ella, Birkin (Rupert) trata de acercarse a su amigo y fracasa.

—Hay que bajar el ideal amor-y-matrimonio de su pedestal. Queremos algo más amplio. Yo creo en la relación perfecta *adicional* entre hombre y hombre…, adicional para el matrimonio.

—Nunca puedo ver cómo podrían ser lo mismo —dijo Gerald.

—No lo mismo…, sino verdaderamente importante, igualmente creativa, igualmente sagrada si quieres.

—Lo sé —dijo Gerald-, sé que crees en algo semejante. Sólo que yo no puedo *sentirlo*.

Puso la mano sobre el brazo de Birkin con una especie de afecto desaprobatorio y sonrió como triunfantemente.

Estaba listo para ser condenado, el matrimonio era como una condena para él, estaba deseando condenarse al matrimonio, convertirse en un presidiario condenado a las minas del mundo subterráneo, sin vida en el sol ni cosa distinta de una horrible actividad subterránea, estaba deseando aceptar eso y el matrimonio era el sello de su condena, estaba deseando ser sellado así en el mundo subterráneo, como un alma perdida pero viva para siempre en su perdición.

Sin embargo, no contraería ninguna relación pura con ninguna otra alma, no podía. El matrimonio no era comprometerse en una relación con Gudrun, era un compromiso de aceptación del mundo establecido; él aceptaría el mundo establecido, en el cual no creía vivientemente, y luego se retiraría al submundo para su vida, eso haría.

El otro camino era aceptar el ofrecimiento de una alianza con Rupert, entrar primero en el vínculo de pura confianza y amor con el otro hombre, y subsiguientemente con la mujer. Si se entregaba al hombre, luego podría entregarse a la mujer, no sólo en matrimonio legal, sino en matrimonio místico, absoluto.

Así, la idea del bisexual de Lawrence no pasa de ser eso: una idea, importante, quizá hasta profunda, a la espera de su momento, a la espera de que la "realidad", la gente y los hechos la alcancen.

Ursula le dice a Birkin que no puede tener dos tipos de amor, porque tal cosa es falsa e imposible.

"No creo eso", responde él.

Yo tampoco.

Capítulo 10
El futuro de los bisexuales: Factores actuales

Hasta aquí hemos examinado la bisexualidad tal como ha sido y tal como es ahora. La tentación de toda conclusión es estirar el cuello a la vuelta de una esquina distante para ofrecer una perspectiva de lo que vendrá, pero me temo que reclamar tal capacidad premonitoria sería presuntuoso. No sé qué va a venir, nadie lo sabe, sin embargo, es obvio que el presente afecta al futuro, así como el pasado afectó al presente. Ya está puesta en acción la dinámica que determinará lo que está por venir y aunque no podemos predecir el futuro del bisexual a partir de los factores presentes, sí podemos enlistarlos y analizarlos, en afán de indagación más que de profecía.

Hay, me parece, 9 importantes factores en el presente que probablemente afectarán a los bisexuales en el futuro.

Sida. En la década de 1980, la epidemia del sida se esparció como reguero de pólvora entre las poblaciones de gays y consumidores de drogas por vía intravenosa. Este flagelo también afectó profundamente, por supuesto, a la población bisexual. El Bisexual Forum de Nueva York sufrió en 1983 la primera pérdida de un miembro a manos del sida.

A principios de la década de 1990, médicos y científicos de todo el mundo investigaban ampliamente a la población bisexual para saber cuántas personas estaban en riesgo, quiénes eran y cómo llegar a ellas, por todas las razones mencionadas en la sección acerca de los estudios sociológicos, esos expertos descubrieron lo difícil que es obtener estadísticas precisas y significativas.

Al principio, la comunidad de personas auto-identificadas como bisexuales corrió despavorida. Sé de muchos bisexuales que se volvieron heterosexuales en ejercicio, antiguos swingers decidieron hacerse monógamos, y gran número de mujeres bisexuales eliminaron a muchas de sus parejas masculinas, si no es que a todas.

Conforme se comprende la importancia de practicar el sexo protegido y a medida que, año tras año, la epidemia cobra fuerza, la conducta sexual del bisexual ha tendido a cambiar, tanto como la de la población gay. Ya hay ahora más relaciones monógamas y menos contactos sexuales indiscriminados entre las personas que se definen como bisexuales.

El principal problema, sin embargo, es que la identidad bisexual es sólo una de las variables de la orientación de un individuo. En consecuencia, resulta demasiado fácil pasar por alto a todas las personas que ejercen la conducta bisexual pero que dicen ser heterosexuales, así como a miembros de comunidades como la afroestadunidense y la latina, en cuyas culturas el comportamiento bisexual es visto bajo una luz muy negativa y cuya educación sobre sexo protegido suele no existir aún.

El bisexual está efectivamente atrapado en esta epidemia devastadora. Justo como los gays, los bisexuales están en riesgo, lo mismo que sus parejas femeninas, sean bisexuales o heterosexuales, cada vez más mujeres se contagian del virus. El bisexual es, por desgracia, un conducto de transmisión del sida entre las comunidades heterosexual y homosexual, pues propaga la enfermedad de un sector de la población al otro. Ojalá que en poco tiempo se descubra una cura y/o vacuna, y este factor mortífero en la vida del bisexual, el homosexual y el heterosexual sea erradicado.

Roles y estereotipos sexuales. ¿Quién es masculino?, ¿quién es femenino? En la época de la reina Victoria, ésas no eran preguntas sino supuestos, lo siguen siendo, si bien no con igual rigidez. Aunque muchos siguen aceptando sin cuestionar que lo relativo al hombre es "masculino" y lo relativo a la mujer "femenino", vivimos en un mundo más abierto a la elección individual. Cada vez está más claro que esas respuestas no reflejan una ley de la naturaleza, sino actitudes culturales impuestas, los supuestos, sin embargo, se resisten a desaparecer.

La era en la que la gente aceptaba en forma pasiva los simplistas estereotipos masculino y femenino, y abrazaba la falsa seguridad inherente a roles sexuales asignados, está llegando a su fin. La verdad, en efecto, nos está haciendo libres, para poder advertir, por ejemplo, que en una cultura (la nuestra) la agresividad se considera un rasgo esencialmente masculino, en otra (la Tchambuli)[4] un rasgo femenino, en una ter-

---

4   Margaret Mead, antropóloga cultural estadounidense, se trasladó a Nueva Guinea a estudiar a estas tres tribus: Tchambuli, Mundugama y Arapesh como objeto de estudio para su obra antropológica *Sexo y temperamento en Tres Sociedades Primitivas*, donde buscaba responder a su pregunta: ¿Lo que llamamos feminidad y masculinidad son caracteres biológicos o productos culturales?

cera (la Munduguma) un rasgo tanto masculino como femenino y en una cuarta (la Arapesh) un rasgo rechazado por ambos sexos. Esto no quiere decir que no haya diferencias biológicas, así como culturales, entre lo que los hombres y las mujeres piensan y la manera en que se conducen, pero los dos géneros comparten más semejanzas que diferencias. Lo que hace que esta verdad obvia sea difícil de asimilar culturalmente es que rodeamos a las diferencias fisiológicas de símbolos comerciales, como lápiz labial y vestidos para las mujeres y corbatas, artículos deportivos y armas de caza para los hombres, estos símbolos no tienen nada que ver, intrínsecamente, con los hombres y las mujeres tal como son en realidad, pero sí todo que ver con la forma en que queremos que sean.

Los estereotipos culturales de la masculinidad y la feminidad cambian todo el tiempo. Sí, existen diferencias entre lo que piensan hombres y mujeres y la manera en que se comportan, pero cualquier lista de esas diferencias lo sería meramente de características de género en una cultura particular en un momento específico.

George Washington usaba peluca y holanes. En la segunda guerra mundial surgió Rosie the Riveter ("Rosa la remachadora") como símbolo nacional de la feminidad estadunidense, por hacer un trabajo hasta entonces propio de hombres. Rosie fue una necesidad en tiempo de guerra, aunque es probable que su abuela no lo hubiera comprendido.

Pero en un sentido muy real, Rosie, creación de la propaganda bélica de Estados Unidos, liberó a las mujeres de ese país de la estereotipada y centenaria idea de aquello para lo que estaba hecha una mujer. Terminada la guerra volvió a imponerse el ideal de esposa y madre, el cual permaneció en vigor durante más de 20 años, pero Rosie fue resucitada en la efervescencia política del decenio de 1960 y por el movimiento de las mujeres y ahora, una más aguda conciencia entre las mujeres está obligando a hacer cambios en lo que se espera de ambos sexos. Las mujeres han tenido que soportar la carga de caracterizaciones como "histéricas", "pasivas", "frívolas", etcétera. Las equivalencias masculinas ideales de esos lugares comunes son enumeradas por Deborah S. David y Robert Brannon en *The Forty-Nine Percent Majority* (La mayoría del cuarenta y nueve por ciento) de la siguiente manera:

1. Nada de blandenguerías: El estigma de todas las característi cas y cualidades estereotipadamente femeninas, entre ellas la sinceridad y la vulnerabilidad;

2. El gran timón: Éxito, prestigio y necesidad de ser admirado;

3. El roble sólido: Un aire viril de dureza, seguridad e indepen dencia;

4. ¡Váyanse al diablo!: Aura de agresividad, violencia y audacia.

Pero estos estereotipos, gracias sobre todo al movimiento de las mujeres, han empezado a cambiar rápidamente. Nuevas palabras se han vuelto de uso generalizado, *fathering* ("ser padre") es una de ellas, expresa la idea de que engendrar un hijo no es lo mismo que ser mera- mente su padre, *fathering*, como *mothering*, indica cuidado y devoción más allá de lo que se esperaba antes de los padres, esta evolución anun- cia interesantes posibilidades para el futuro.

Las normas antiguas están cambiando respecto al sexo mismo. El "matrimonio abierto" y el "intercambio de parejas" han circulado y sido aceptados como forma de vida por algunas personas desde hace más de 20 años, pero con la aparición del sida en la década de 1980, esos estilos de vida se han dejado nuevamente en suspenso. La homo- sexualidad ha ganado amplia aceptación en los campos de las ciencias médicas, psicológicas y sociales, gracias sobre todo a los esfuerzos de la propia comunidad homosexual y como esos cambios indican que los roles sexuales de hombres y mujeres ya no son tan inflexibles como antes, tenemos que concluir que también el bisexual la tiene más fácil ahora. Hoy se permite a los hombres ser más emotivos, más cariñosos e incluso más pasivos, si la pasividad es apropiada y necesaria. Las mujeres pueden ser fuertes, enérgicas, dominantes, y aun duras si lo de- sean. La pasividad masculina puede expresarse tanto con hombres como con mujeres, y ellas también pueden ser más enérgicas con personas de uno u otro sexo, ¿dónde conducirá al bisexual todo esto?, como mínimo, le allanará un poco el camino, se lo volverá menos cuesta arriba que antes, en una palabra: progreso.

Androginia. De todos los factores que afectan al futuro de la bisexualidad, la androginia (la apariencia interna y/o externa de las car- acterísticas masculinas y femeninas de una persona) es el más confuso, dado que su núcleo descansa firmemente en la paradoja, como escribió Freud:

"...todos los individuos humanos, como consecuencia de su predisposición a la bisexualidad y de su herencia cruzada, combinan en sí mismos características masculinas y femeninas, de modo que la masculinidad y la feminidad puras siguen siendo elaboraciones teóricas de contenido incierto." (1925, SE, XIX, p. 258).

Freud no se refiere directamente a la androginia, pero argumenta en pro de su existencia. La androginia se ha representado desde hace siglos en diversas filosofías y mitos, por ejemplo, el concepto taoísta de Yang y Yin combina las dualidades de la luz y la oscuridad, lo masculino y lo femenino; enseña que, para que los amantes puedan ser uno, cada cual debe buscar en sí mismo el principio opuesto. Una mujer debe hallar al hombre que hay en su ser, y un hombre a la mujer en el suyo, para que verdaderamente puedan comprenderse y ser uno.

La androginia suele confundirse con bisexualidad, hermafroditismo e incluso homosexualidad, no es ninguna de estas cosas, la androginia es el reconocimiento de las polaridades, la aceptación de las paradojas y contradicciones aparentes, es sentirse unido y separado al mismo tiempo.

En *Androgyny* (Androginia), la doctora June Singer dice: "La androginia se refiere a una forma específica de unir los aspectos 'masculino' y 'femenino' de un ser humano." El anima y *animus* de Jung también se aplican a las características femeninas y masculinas internas de todos los seres humanos.

La bisexualidad, por otra parte, es la manifestación sexual externa de la dualidad de la masculinidad y la feminidad: la atracción por personas de uno u otro sexo. Una persona andrógina no necesariamente es bisexual, y una bisexual no necesariamente es andrógina, pero la androginia es un término para tomar en cuenta al considerar el futuro de la bisexualidad, primero porque se ha vuelto un arquetipo más conocido (y menos alarmante) en la conciencia y la cultura populares, y segundo porque, asociada con él, la bisexualidad se convierte en la unificación de dos atracciones. Obviamente, entre más reconocemos los aspectos andróginos de nuestro ser, mejor nos entendemos y más íntimamente podemos relacionarnos unos con otros, dentro y más allá de las fronteras de género.

Todo apunta a creer que, una vez dados los ya aludidos cambios en los roles y estereotipos sexuales, la androginia en su significado pleno, tanto real como mítico, hallará algo más que un lugar marginal en la conciencia colectiva del futuro, y esta conciencia modificará indudablemente nuestra manera de ver la sexualidad en general, y la bisexualidad en particular.

Amistad, amantes y bisexualidad. Con la posible excepción del trabajo, nada en la vida nos une o nos separa tanto como el lazo que experimentamos con nuestros amigos y amantes. La condición de estar "enamorados" ocupa en nuestra conciencia una posición más alta que la amistad y el amor compartido entre amigos. Sólo en la literatura y el cine ponemos a los amigos en un plano igual al de los amantes, Huckleberry Finn y Jim, Butch Cassidy y el Sundance Kid, y Thelma y Louise son ejemplos de amistad en una escala tan conmovedora como las relaciones amorosas de *Romeo and Juliet* y *Anna Karenina*.

Algunos creen que el mayor cumplido que un hombre puede hacerle a su mujer es reconocerla no sólo como una esposa maravillosa, sino también como su mejor amiga, pero cuando se intenta combinar amistad y sexo, casi siempre hay problemas. Cuando dos personas comparten el sexo como parte de una relación más amplia, se pone en marcha un juego complejo y misterioso, que tiene que ver con el poder y la lucha por una posición dominante. Esta lucha existe también en la amistad, pero puede desenvolverse en áreas como deportes, pasatiempos y negocios. Los amantes no necesariamente tienen que compartirlo todo además del amor, expresan ese sentimiento a través del sexo, el cual llena el espacio que los amigos deben ocupar con lo que tienen en común. Esto no quiere decir que no haya personas que no compartan sexo y amistad, pero esta combinación es difícil de mantener, porque tendemos a ver la relación amorosa como una condición de placer automático, pero el amor, ya sea entre amigos, amantes o ambos, es trabajo, un buen trabajo. Tener un amante que también sea amigo es dos veces placentero, lo que requiere y merece doble trabajo.

Algo que no siempre pedimos a un amante pero sí a un amigo es confianza, si bien esto se cumple más sistemáticamente en relaciones ficticias que en reales. Tal vez idealizamos así la amistad porque necesitamos creer en la confianza de los amigos —de Huck y Jim, Butch y Sundance— más que en la de los amantes. De los amantes esperamos la calidez de la sexualidad con toda su volatilidad, su potencial para volverse odio y hasta violencia. De los amigos esperamos que se mantengan siempre a flote en el Mississippi, en un interminable río de amistad.

Aun así, las luchas de poder no impiden que la gente haga amigos y amantes y los conserve por largos periodos. Entre los heterosexuales, el problema del sexo en la amistad no es frecuente, pues a los hombres y mujeres heterosexuales no se les alienta a considerarse unos a otros más allá de sus diferencias sexuales, por lo general, los mejores amigos de los heterosexuales son de su mismo género, mientras que los de los homosexuales suelen ser del sexo opuesto. Los bisexuales deben lidiar constantemente con la posible atracción sexual en la amistad, tienen que resolver el problema de la excitación mediante restricciones autoimpuestas, dado que no viven en el simple mundo de la elección de un solo género que los heterosexuales y homosexuales hallan tan confortable.

Como dijo un bisexual: "Es maravilloso poder llegar a la cama con mis amigos, *si así lo deseamos*", si no lo "desean así", no hay problema, sin embargo, las restricciones autoimpuestas mantienen en movimiento constante las puertas del cambio. El bisexual consciente sabe que el deseo no siempre es tan fácil de regular, y que el amigo que hoy no posee ningún atractivo sexual podría tenerlo mañana, el heterosexual y el homosexual dan más por sentado su lugar fijo en el espectro sexual. El equilibrio bisexual no es tan fácil de alcanzar.

El bisexual consciente, al indagar los factores actuales que afectarán su futuro en la amistad o en el amor, no parecería tener mucho en lo cual basarse, pero cada vez más personas conceden a su sexualidad un lugar igual al que han concedido siempre a necesidades básicas como sustento, techo y sueño. En el pasado se alentaba a las mujeres a desconfiar unas de otras, lo que causaba que para la mayoría de ellas fuera casi imposible trabar amistad a la manera de los hombres. Tan sólo estos dos factores, el reconocimiento de la sexualidad como una necesidad humana indispensable y saludable y una asociación más pronta entre mujeres, generarán indudablemente grandes cambios en nuestra manera de ver al bisexual y en la manera en que el bisexual se ve a sí mismo.

La familia. En una cena reciente, una mujer me habló de la cada vez mayor popularidad del estilo de vida bisexual. Lo que ella entendía por "estilo de vida bisexual" era la persona que vive sola y tiene relaciones sexuales con individuos de uno u otro sexo: un hombre una noche, una mujer a la siguiente; pero, como ya vimos, no existe un estilo de vida único al hablar del bisexual. El arco de la conducta es amplio, y anchas las vías de la expresión, incluso, un estilo de vida bisexual puede expresarse satisfactoriamente a través de una familia, hijos y uno o dos buenos amigos; o en una relación con una sola persona; o un par de relaciones con personas de uno y otro sexos. La vida bisexual también puede experimentarse en relaciones monógamas secuenciales o en "matrimonio abierto".

La familia como tal está muy implicada en la bisexualidad. ¿Qué factores actuales de la familia conciernen al bisexual en el futuro?, muchos, permítaseme mencionar algunos de los más importantes.

1. Los índices de divorcio siguen en aumento en Estados Unidos año tras año.
2. El número de divorciados menores de 35 años es de más de 80 por cada 1.000 casados.
3. Cada vez más gente vive sola.
4. El número de familias de padre o madre solteros se ha disparado.

Otros factores incluyen el incremento en el número de mujeres que trabajan y su consecuente independencia económica, así como una mayor movilidad en nuestra civilización que relaja de igual forma los lazos familiares, si no de la familia nuclear, al menos de la extensa, de tíos, tías, primos y hasta hermanos y hermanas cuando se hacen adultos y se van. Ya se dispone de otras opciones, y han de formarse otros métodos de establecer relaciones íntimas.

El ideal monógamo del pasado está siendo seriamente cuestionado en todos los rincones de la sociedad, lo que alienta al bisexual a alzar la voz. En un debate en el Bisexual Forum sostenido en marzo de 1977, ninguna de las 17 personas presentes creía en la monogamia para sí en las circunstancias imperantes, res la deseaban para el futuro, pero no para ese momento. Un hombre felizmente casado, quien era el que estaba más cerca de ella, habiendo sido monógamo con su esposa durante 23 años de matrimonio, había tenido sólo un amigo a la vez, y apenas tres en total estando casado. Varios hombres y mujeres casados y anteriormente casados habían sido monógamos por periodos de uno a diez años, pero ninguno lo era entonces. La mayoría deseaba relaciones abiertas con una pareja primaria. El consenso general fue que nadie podía satisfacer todas las necesidades emocionales y sexuales de un individuo, y que otra persona era deseable, e incluso necesaria.

Históricamente, nada es más importante en la bisexualidad que la simple "verdad": lo que antes fue una ley religiosa y civil —un hombre, una mujer, una vida— está en duda ahora. Millones de personas que hace media generación adoptaban un estilo de vida monógamo —aventurándose fuera de él sólo en secreto— procuran hoy a un nuevo dios sociológico, la autonomía, por la cual, como parte de un espíritu de libertad verdadero o ilusorio, se está abierto a la autoexploración a través de la afinidad emocional y sexual con más de una persona en la vida y, para muchos, más de una persona al mismo tiempo.

Sin embargo, en los últimos diez años, y a causa de la epidemia del sida, esa práctica de relaciones sexuales con más de una persona al mismo tiempo se ha reducido de modo sustancial. Algunos bisexuales practican la monogamia cuando antes eran swingers, otros han decidido tener mucho menos contactos fuera de su relación principal, y los que han continuado con su previo estilo de vida abierto ahora practican cuidadosamente el sexo protegido.

Movimiento de liberación y por la igualdad de derechos de lesbianas, gays y bisexuales. En abril de 1977, la Casa Blanca invitó a la National Gay Task Force a exponer sus puntos de vista sobre la discriminación contra los homosexuales, este extraordinario suceso tuvo lugar apenas ocho años después de los disturbios de Stonewall de 1969, en los que cientos de gays chocaron con la policía de Nueva York en protesta por la brutalidad policiaca durante una redada en un bar gay.

Esa mano tendida del ejecutivo también fue una promesa de una nueva perspectiva sobre los bisexuales. Para la gente en general, homosexual y bisexual son sinónimos, si los hombres y mujeres de la oficina más poderosa de la Tierra estuvieron dispuestos a escuchar, ¿quién sabe qué cambios podría depararnos el futuro? Aunque los recientes gobiernos republicanos de Reagan y Bush han demostrado ser menos receptivos del electorado no heterosexual, la nueva presidencia de Clinton escucha una vez más a esos grupos minoritarios, y si bien la extrema derecha religiosa trata de proscribir y limitar a gays y lesbianas, éstos no cesan de mostrar su fuerza política, incrementando el número de ciudades y estados que han aprobado decretos contra la discriminación por motivos de orientación sexual, así, conforme los gays refuerzan su concepto de sí mismos, es probable que también los bisexuales empiecen a ocupar un lugar más firme en la sociedad.

El movimiento de las mujeres y el feminismo. El movimiento de las mujeres, que en 1968 despertó del letargo al que entró luego de que las mujeres obtuvieron el voto en Estados Unidos en 1920, ha modificado inalterablemente la vida de este país, es casi imposible imaginar qué sería la cultura estadunidense sin él.

Como todos los movimientos, éste tiene sus facciones, y entre las importantes se cuenta la de su propia población gay. Antes, la homosexualidad *masculina* era, en mayor o menor grado, la condición en la que la gente pensaba al referirse a la homosexualidad, como tantas otras cosas, la homosexualidad era en buena medida un "mundo masculino", pero las ideas de qué es un hombre y qué una mujer están cambiando, e indudablemente contribuirán a convertir ese mundo en un mundo de todos, en él, las lesbianas ocuparán un lugar en la cultura igual al de los hombres homosexuales, desde ese sitio, ellas afectarán la conciencia de todas las mujeres, quienes tendrán así más probabilidades de confrontar su posible componente homosexual, y serán toleradas y —ojalá— respetadas por ello.

El feminismo, dado su énfasis en el poder latente de lo femenino, tiende a volver más aceptable que los hombres reconozcan esa parte de sí mismos, gracias a eso, pueden preocuparse menos por el problema de establecer su virilidad, lo que les permitirá liberarse y liberar a las mujeres para que unos y otros puedan explorar plenamente su naturaleza sexual.

Las mujeres se han deshecho para siempre de las imágenes convencionales de candidez y pasividad, una feliz consecuencia de eso es que los hombres pueden expresar lo *femenino* en ellos con menos miedo al oprobio social, y al liberarse así de antiguos clichés del machismo, se volverá más aceptable que las mujeres expresen a su vez lo *masculino* en ellas.

Lo femenino, sea lo que fuere, se consideró inferior durante mucho tiempo, uno de los resultados más insidiosos de la degradación de la mitad de la raza humana fue el recelo y distanciamiento que causó entre las propias mujeres. Mientras que los hombres podían tender lazos de respeto mutuo, las mujeres no; se les enseñaba a no respetarse a sí mismas. Hoy tienen un nuevo respeto por ellas y, en consecuencia, por las demás, son capaces de ver la bisexualidad como *una* vía que lleva hacia un vínculo más firme entre ellas, esto tiene que conducir a una actitud más comprensiva y tolerante hacia la bisexualidad en el futuro.

Ese cambio ya es evidente en la clamorosa adopción de la declaración sobre orientación sexual por la National Womens' Conference de 1977, celebrada en Houston. En 1992, Elizabeth Reba Weise editó una antología de textos de 21 mujeres sobre el tema del feminismo y la bisexualidad, *Closer to Home. Bisexuality and Feminism* (Más cerca de casa. Bisexualidad y feminismo).

Esta nueva fortaleza ha cambiado también, en gran medida, al movimiento bisexual. En los últimos cinco años, muchas mujeres bisexuales en la comunidad lésbica decidieron oponerse al prejuicio de numerosas lesbianas contra ellas separándose de esa comunidad y formando nuevas organizaciones bisexuales, algunas de estas nuevas organizaciones siguen teniendo socias únicamente, mientras que otras se han abierto a los hombres. El resultado es que ahora hay más de 50 organizaciones bisexuales en Estados Unidos.

La primera National Bisexual Conference, celebrada en San Francisco a mediados de 1990, dio ejemplo del papel de las bisexuales, ese evento fue posible gracias a la energía y empuje de sus organizadoras. Ya se dispone de un International Directory of Bisexual Groups. (Si deseas obtener un ejemplar de la versión más reciente, envía un sobre con tu nombre y dirección, y un donativo de dos dólares, a Robyn Ochs, East Coast Bisexual Network, c/o GLSC, 338 Newbury St., Boston, MA 02115, Estados Unidos de América).

Todo indica además que ya existe un número suficiente de organizaciones en el mundo occidental para permitir una tendencia inicial de conferencias bisexuales a escala internacional. El Reino Unido organizó su décima National Conference en 1992. En 1991, Amsterdam fue la exitosa sede de la First International Bisexual Conference, en la que se congregaron 200 participantes de diez países. Londres lo fue de la Second International Bisexual Conference en octubre de 1992, y estaba previsto que Nueva York lo fuera de la tercera en 1994, en coincidencia con el 25 aniversario de los disturbios de Stonewall.

Mitos. La falta y mala calidad de la información sobre bisexualidad es en gran medida el tema de este libro. En seguida aparece una lista simple de los mitos en torno a la bisexualidad, en dos grandes categorías: el mito de la inexistencia y el mito de la neurosis, los cuales desempeñarán un papel importante en la determinación del futuro del bisexual.

El mito de la inexistencia	*El mito de la neurosis*
1. Una persona *es* hetero *o* gay.	1. El bisexual es neurótico por definición.
2. La entidad conocida como bisexualidad no existe.	2. El bisexual es incapaz de amar profundamente.
3. El bisexual es en realidad homosexual.	3. El bisexual está confundido y no puede formarse una opinión.
4. La bisexualidad es sólo una etapa de transición.	4. El bisexual tiene una libido muy fuerte y está loco por el sexo.

Dilemas. El dilema del bisexual es doble: su interacción con la sociedad por un lado, y su problema interno por el otro. Hasta ahora la abrumadora actitud social ante él ha sido de negación, ésta es una actitud clásica de los grupos grandes hacia cualquier individuo diferente, pero, ¿qué tan diferentes son los bisexuales?, muchas personas, algunas de ellas famosas, ya proclaman su naturaleza bisexual, muchas iluminan también lo que sabemos sobre la conducta bisexual. La puerta del clóset no volverá a cerrarse jamás.

Si los bisexuales son un problema para los demás, los demás son más que un dilema para los bisexuales y estos últimos son los que viven con tal condición, ambos grupos tendrían que beneficiarse de un mejor entendimiento en el futuro. Comprender al bisexual es comprendernos mejor a nosotros mismos, sea cual sea nuestra orientación sexual y con la comprensión llega el crecimiento, como individuos y como sociedad. En una palabra (otra vez): progreso.

Sexo. ¡Qué poderosa palabra de cuatro letras!, ¡qué gozo!, ¡qué carga! Después de millones de años de vivir con él, seguimos tan atemorizados y desconcertados por su poder como por el significado de la vida misma, si alguna vez hemos de conocer la verdad de ese significado, la comprensión del sexo será una clave esencial del misterio. Han transcurrido milenios en la oscuridad, pero el futuro —para personas de todas las variedades en el espectro de la orientación sexual— luce brillante.

La bisexualidad se está jugando su derecho a que la tomemos en serio como fuerza real en la creación de ese brillante futuro.

Ésa es, al menos, la premisa de este libro.

APÉNDICE A
El bisexual visto por las artes

LA "REALIDAD"
1. The Fox (El zorro)

"...Había parecido tan fácil hacer feliz a un ser amado y cuanto más lo intentaba, peor era el fracaso, era terrible. Toda su vida había estado intentando alcanzar algo; alcanzar algo, y lo que intentaba alcanzar parecía tan cercano, y ella se había esforzado hasta llegar al límite, pero aquello estaba siempre fuera de su alcance... Se alegraba de que Jill estuviera muerta porque se había dado cuenta de que nunca hubiera podido hacerla feliz."

Éstas son las ideas y sentimientos de Ellen March al final de *The Fox* (El zorro), novela corta de D. H. Lawrence. Escrita en 1923, *The Fox* es una historia inquietante de dos mujeres y un hombre enredados en una maraña de amor desdichado. Las dos mujeres pasan dificultades tratando de sacar adelante su granja. Jill Banford, la principal inversionista, es "una personita escuálida y delicada con anteojos", Ellen es el "hombre" del lugar, hace cuatro quintas partes del trabajo. Estas solteronas treintañeras no carentes de instrucción "se quieren una a otra". Un día aparece Henry, un soldado de 20 años de edad que a Ellen le recuerda el zorro que ha estado asaltando el gallinero. Aunque exasperada por el animal, también está fascinada por él, y no puede convencerse de matarlo. Pronto, Henry le propone matrimonio a Ellen, y mata al zorro. Ellen está atrapada entre el amor a Jill y el amor a Henry, titubea, incapaz de tomar una decisión, pero la decisión se la arrebata de las manos la muerte de Jill bajo un árbol cortado por Henry.

Escrita en la década de 1920, Lawrence no trató explícitamente la conducta sexual de los personajes, sin embargo, la bisexualidad de Ellen y el lesbianismo de Jill se infieren claramente de sus lazos sentimentales, sus declaraciones de necesidad y amor y el hecho de que duerman en la misma cama. La relación de Ellen con el hombre es más explícita; se casa con él tras la muerte de Jill, pero Lawrence no describe en ningún momento la relación sexual entre el hombre y la mujer más allá de un beso antes de su matrimonio.

Esta novela corta fue llevada a la pantalla grande en 1968, con Anne Heywood en el papel de Ellen, Sandy Dennis en el de Jill y Keir Dullea en el de Henry. Dos generaciones después de la publicación del libro, se dio por sentado su carácter explícitamente sexual y lo que en el libro se sugiere apenas, se mostró en el cine con gráfico detalle. Vemos a Ellen masturbarse frente a un espejo, disfrutando de fantasías heterosexuales. Las dos mujeres hacen el amor en su recámara. Henry y Ellen tienen una escena amorosa en una choza abandonada.

En la novela, Ellen es ambivalente en sus deseos, y aunque parece fuerte en varios sentidos —en especial en su relación con Jill—, termina siendo una mujer pasiva e infeliz que reconoce su fracaso, sin embargo, el aspecto negativo de la bisexualidad se enfatiza marcadamente cuando su indecisión concerniente a su sexualidad es seguida por su muerte. La bisexualidad es vista como un estado ambiguo que no puede sobrevivir, debe tomarse una decisión: renunciar al objeto sexual masculino o femenino; y su corolario: abandonar a la mujer u hombre interior. O esto o aquello, Ellen no pudo matar al zorro, el símbolo masculino, pero el objeto femenino muere y con él la masculinidad interior de Ellen, ella misma permitió que tal cosa sucediera. "Y ella... ella quería permanecer inmóvil, como una mujer en el último hito, y mirar", pero no pudo someterse, no pudo rendir su ser andrógino interno, aunque su esposo lo deseaba, ella no había tenido una "vida entera como mujer", sino que seguía siendo "hombre, una mujer con la responsabilidad de un hombre".

Las reseñas sobre la película (con la notable excepción de la de Judith Crist) no aludieron a la bisexualidad, aunque ofrecieron una sinopsis del argumento. El lesbianismo, en cambio, se mencionó en relación con las dos mujeres, así, aunque los personajes son tres, el bisexual no existe. En el comentario en que se mencionó la bisexualidad se dijo:

"…pero Anne Heywood, quien interpreta a la joven persegui-da tanto por el hombre como por la mujer, está sublime en la asombrosa personificación de una mujer *desgarrada por la bisexualidad* que a todos nos obsesiona." [Cursivas del autor.]

2. *Giovanni's Room* (El cuarto de Giovanni)

La descripción que D. H. Lawrence traza de Ellen como una mu-jer consciente de su fracaso, resulta moderada en comparación con el per-fil que se hace de los bisexuales en la novela *Giovanni's Room* (El cuarto de Giovanni) de James Baldwin. Éste trata la dificultad del amor con una intensidad que nos permite asomarnos al infierno interior del bisexual neurótico y al igual que en *The Fox*, también aquí se describe al bisexual como alguien que, directa o indirectamente, mata.

Giovanni's Room es una de las muy pocas novelas dirigidas al gran público con dos bisexuales como protagonistas: David, joven, rubio y apuesto estadunidense que está viviendo en Francia para "encontrarse", conoce al moreno y atractivo Giovanni en un bar gay en París. Inician un romance esa misma noche, y David se muda al sucio y pequeño cuarto de Giovanni, atormentado por el deseo culpable, finalmente deja a este último para volver con su prometida, Hella, quien había ido a España a tratar de decidir si casarse o no con él. En una mala racha y sin empleo, Giovanni termina asesinando a su antiguo patrón, es hallado culpable y decapitado. David deja de amar a Hella, la pierde y vuelve a los hombres.

En la ficción, el bisexual suele ser descrito como el villano —el espía o traidor— o el neurótico débil e inseguro. En *Giovanni's Room*, esos dos tipos se yuxtaponen. Giovanni y David comparten una cualidad: ambos son forasteros, elementos extraños en su sociedad de adopción. Giovanni, el italiano, es el trabajador extranjero menospreciado por los franceses, pero que tampoco encaja en su cultura italiana nativa, siendo incapaz de propagar su especie (su bebé nació "torcido, gris y muerto"). David, el expatriado estadunidense, también se siente alienado en Fran-cia, no está en armonía con el mundo homosexual de París ni con el mundo heterosexual de Estados Unidos, no pertenece a nada ni a nadie: ni a Giovanni, ni a Hella ni, sobre todo, a sí mismo, es una sombra ape-nas, sin sustancia.

Giovanni atraviesa las páginas de la novela nítidamente moldeado, como una persona de verdad, un hombre cuya esencia contiene un grave error, Giovanni es capaz de amar: amó a su esposa, y amó a David, pero también mata. Cuando su bebé nace muerto, él renuncia a su religión, a su esposa, a su hogar, y huye a París. Ahí destruye no simbólica, sino realmente, esto sella a su vez su destino y ejecución. El bisexual, parecería, no es de fiar, la destrucción le sigue los pasos, en el mundo heterosexual tanto como en el homosexual y al final es destruido.

David no está dotado de iguales cualidades épicas, su esencia está repleta de fallas de personalidad y vicios neuróticos, no puede amar, no puede ni siquiera intimar. Lastima a quienes lo aman: su familia, Giovanni su novio y Hella, la mujer presente en su vida. También lastima a las personas periféricas en su existencia: Joey, con quien tuvo en la adolescencia su primera experiencia homosexual, es infeliz a causa de la culpa de David; Sue, la chica a la que utiliza para demostrar su hombría, también es manipulada. Esta incapacidad de amar es claramente expresada por Giovanni cuando David lo deja:

> "No es por ella que me dejas —contestó—. Me dejas por otro motivo, mientes tanto que has terminado por creer tus mentiras, pero yo tengo sentidos. No me dejas por una mujer, si realmente estuvieras enamorado de esa muchachita no habrías sido tan cruel conmigo...
>
> —No la quieres —exclamó Giovanni, sentándose—, ¡tú no quieres a nadie!, nunca has querido a nadie, sé que nunca querrás a nadie. Amas tu pureza, amas mirarte en el espejo... y tú... tú eres inmoral, eres, de lejos, el hombre más inmoral que he conocido. ¡Mira!, ¡*mira* lo que me has hecho! ¿Crees que habrías podido hacerlo si yo no te hubiese amado?, ¿es esto lo que haces con el amor?"

La bisexualidad de David no es real. Es una transición hacia la homosexualidad, una estación de paso, aunque cubre muchos años, comienza con su inclinación a la homosexualidad como adolescente, luego viene la represión, y huye.

> Había decidido no permitir que nada en el universo me avergonzara y asustara, ¡y vaya que lo logré!: no viendo el uni-

verso, no viéndome a mí mismo; manteniéndome, en efecto, en constante movimiento.

Se convierte entonces en un amante que "no es hombre ni mujer", nada que pueda ser conocido o tocado. Sus movimientos vacilantes, sus muchas mujeres y sus "tristes marejadas de alcohol" forman parte de su homosexualidad inconsciente, que pugna por aflorar y al final su bisexualidad deriva en homosexualidad. Hella es desechada, "porque todo lo que antes le deleitaba se agrió en su estómago". Su "verdadera" naturaleza surge cuando marcha a Niza, donde recorre "…todos los bares, y al fin de la primera noche, ciego de alcohol y torvo de lujuria, [él sube] las escaleras de un hotel sombrío en compañía de un marinero".

3. *"The Sea Change"* ("El gran cambio")

La trágica imagen de Baldwin es tal vez el punto más bajo de la descripción del bisexual. En la mayoría de los contados casos en que el bisexual es retratado siquiera, emergiendo del mundo de la inexistencia, la violencia y la muerte no aparecen como resultado. El dolor que el bisexual causa es más a menudo emocional que físico. En su cuento "The Sea Change", Ernest Hemingway esboza una escena de esa clase. A fines del verano, una atractiva y bronceada joven pareja se halla en un café parisino, él acaba de enterarse de que ella quiere marcharse con una mujer; ella le dice que debe entender que lo ama, dejarla ir, regresará. Él entiende, se siente dolido pero la deja partir, este hecho lo cambia, sin embargo, al grado de que, incluso, parece diferente ante el espejo. De nuevo, el bisexual es alguien en quien no se puede confiar, que no es leal y que se cuela profundamente en la psique del amante.

4. *Sunday Bloody Sunday* (Domingo, maldito domingo)

En *Sunday, Bloody Sunday* se muestra de manera exquisita el tormento a un ser amado. Tanto Alex Grenville (Glenda Jackson) como el doctor Daniel Hirsh (Peter Finch) son heridos sentimentalmente por Bob Elkin (Murray Head), su amante bisexual. Las reseñas describieron esta película como conmovedora, madura y sensata, un filme que exploraba cómo enfrentar con éxito el dolor de amores parciales y romances que llegan a su fin. Los dos personajes principales están diestramente ejecutados. Alex es una divorciada instruida y brillante de 34 años. Daniel, un médico judío a principios de la cuarentena, triunfador, cortés, cultivado y sensible, es homosexual, aunque muy masculino. La película describe la última semana de su paralelo romance con Bob, de 25 años, el dinámico escultor de origen humilde que, en forma cobarde, abandona a los dos y se marcha de Londres en busca de una nueva vida en Estados Unidos.

Los personajes no tienen culpa ni autocompasión a causa de su orientación sexual. Como dijo en una entrevista John Schlesinger, el director:

> "El médico *resulta* ser homosexual, pero ése no es el tema de la cinta, la mujer resulta haber estado casada antes, pero ése tampoco es el tema, l chico resulta ser feliz con los dos, pero el filme no intenta explicar su bisexualidad. Su bisexualidad es un hecho."

Y en esa misma medida, la película es un acierto.

La bisexualidad de Bob es un hecho, pero, ¿cómo se le describe como ser humano?, ¿cómo influye en los acontecimientos en su calidad de bisexual? Aquí percibimos una vez más la imprecisa imagen negativa del bisexual. Cuando salí del cine, me preguntaba qué podían haber visto en Bob, el objeto de su amor, esas dos muy inteligentes y sensibles personas, y no fui el único en hacerse ese cuestionamiento, he aquí algunas descripciones de Bob realizadas por los críticos: "superficial", "no sabe cómo entregarse", "insensible e inmaduro", "un espíritu libre aún sin formar, pero con acceso a todo", "un mero estereotipo", "no se revela nada de él, excepto, tal vez, juventud, petulancia y *nostalgie de la boue [gusto por lo sórdido]*", "evasivo", "tiene la nueva moral del egoísmo ilustrado", "transmite una pasividad y falta de sentimientos que apenas si lo recomiendan como objeto de amor" y "en un bajo nivel de la escala de la evolución".

El bisexual es imaginado y descrito como un ser humano cuya bisexualidad es sintomática de su incapacidad de amar profundamente y que, dada su orientación sexual, debe herir a quienes lo aman. Bob dice de sí mismo: "Sé que no crees obtener suficiente de mí, pero recibes todo lo que hay", y Alex contesta: "Pues no deberías dosificarte tanto."

El bisexual como un villano emocional.

5. *Advise and Consent* (Consejo y consentimiento)

Si al bisexual se le ve como una persona que hiere y lastima a sus amados, es de suponer que también debe representársele como el herido, el que recibe dolor.

En la novela de Allen Drury *Advise and Consent* (Consejo y consentimiento), el senador Brigham Anderson es un bisexual histórico (interpretado por Richard Kiley en la adaptación teatral de 1960 y por Don Murray en la cinematográfica de Otto Preminger de 1962 [Tormenta sobre Washington]). El senador Anderson, un hombre felizmente casado, es chantajeado para que no se divulgue su experiencia homosexual en la guerra. Aquí, la solución melodramática del dilema del bisexual es la muerte por propia mano, como en *Giovanni's Room*, la resolución extrema de los problemas del bisexual no es habitual. Al bisexual se le ve más a menudo como blanco únicamente de daño emocional y heridas psicológicas.

6. *Butley*

En esta pieza teatral de Simon Gray de 1972, Ben Butley es un ejemplo de bisexual emocionalmente herido. Butley fue llevada a la pantalla grande en 1974, con Alan Bates como protagonista (igual que en el teatro). Bates interpreta a un maestro de literatura inglesa de la London University que en el curso de un mismo día se entera de que su esposa acaba de dejarlo por otro hombre y de que su joven novio ha optado también por cambiar de pareja, ese día de fracaso personal, vemos a Butley pelear con sus colegas, repeler a sus alumnos y despreciarse a sí mismo. Aunque amable e ingenioso, se le retrata como amargado, cruel, grosero y lleno de alcohólica autocompasión, no está comprometido con nada: ni con el amor, ni con la amistad, ni con su profesión. Es incapaz de sostener relaciones emocionales satisfactorias, ya sea heterosexuales u homosexuales, aunque es experto en agudezas verbales (algunas de ellas muy ponzoñosas), es él quien sale lastimado, quien se resiente emocionalmente y quien sufre aflicción psicológica.

7. *Death in Venice* (Muerte en Venecia)

Hay un aspecto del fracaso psicológico en la ficción que se aplica no sólo al bisexual, sino también al homosexual. Hasta cierto punto, el bisexual y el homosexual son como son porque se les ve como heterosexuales fracasados con fijación en una etapa temprana de su desarrollo psicosexual, esta idea se halla en el centro mismo de la explicación psicoanalítica clásica de toda orientación distinta a la heterosexualidad. Un perfecto ejemplo es la película de 1971 de Luchino Visconti, adaptación de la novela corta clásica de Thomas Mann, *Death in Venice* (Muerte en Venecia).

Aunque la obra maestra de Mann se ocupa del personaje de Aschenbach, un anciano atraído por el elusivo joven Tadzio, no trata abiertamente de sexo. Es la historia de una sociedad en decadencia y de valores en extinción. Visconti, en cambio, convierte *Death in Venice* en una historia sexual. Aschenbach (casado, padre de una hija) es personificado por Dirk Bogarde, quien ejerce un desvalido contrapunto con las coquetas pestañas del bello Tadzio. Para explicar el comportamiento de Aschenbach, se nos muestra una escena (ausente en la obra de Mann) en la que él es incapaz de responder sexualmente a una mujer. Claro que cualquiera puede ser un neurótico; no discuto que un bisexual sea descrito como un individuo neurótico, pero ¿por qué el bisexual ha de ser visto *siempre* de esa manera?

Recientemente, el hombre y la mujer homosexuales han alcanzado un considerable grado de aceptación en el arte y la literatura, así como en la sociedad, a este respecto, el bisexual tiende a aprovecharse del éxito de los homosexuales. En el último par de años, por ejemplo, se han escrito o producido varias obras en las que el bisexual es tratado como homosexual, y descrito, así, de modo positivo. El progreso es lento... pero es progreso.

8. *The Front Runner* (El puntero)

The Front Runner (El puntero), novela de Patricia Nell Warren, publicada en 1974, muestra al bisexual como homosexual. Harlan Brown, un entrenador de atletismo de 39 años de edad, se enamora de su corredor estrella, Billy Sive, la novela explora su relación amorosa. En esta historia trágica, el homosexual es visto como auténtico y humano. En cuanto que homosexuales, ambos amantes son descritos bajo una luz positiva, pero se enfatiza la homosexualidad de Harlan Brown, y su bisexualidad es casi ignorada. Se le describe como homosexual en muchos sentidos: se ve a sí mismo como tal, prefiere a los hombres erótica y emocionalmente, vivió en la subcultura gay durante varios años, sus relaciones con las mujeres, por otro lado, son menos importantes: encuentros sexuales casuales en la preparatoria y un matrimonio desafortunado que produjo dos hijos y terminó en divorcio. Como homosexual, Harlan Brown es descrito con delicadeza; su bisexualidad se relega al reino de la casi inexistencia.

9. *The War Widow* (La viuda de guerra)

El amor lésbico también ha comenzado a recibir buen trato. En el otoño de 1976, el guión original para televisión *The War Widow* (La viuda de guerra), de Harvey Perr, se presentó en la serie "Visions" de la PBS, se trata de la tierna historia de dos mujeres, Amy y Jenny. La primera guerra mundial obliga al esposo de Amy a marchar al frente, a Francia, Amy no siente la separación, ni muchas otras cosas en realidad, pero su mundo comienza a brillar cuando conoce a Jenny, quien es fotógrafa y de la que se enamora, al final, toma la difícil decisión de dejar su vida anterior para vivir con su amada. Nos hallamos nuevamente frente a una amplia y abundante descripción de dos personas homosexuales. La bisexualidad de Amy queda fuera, está ahí, pero es vaga, no se le toca, se le ignora. Amy parecería ser lesbiana, y su matrimonio una farsa. En su carácter de lesbiana, se le comprende y ve con simpatía, como bisexual, su existencia es difusa.

Donde la realidad documental está presente, el bisexual parece ser finalmente reconocido. Los dos ejemplos sobresalientes son la película *Dog Day Afternoon* (Tarde de perros) y la biografía que Nigel Nicolson escribió de sus padres, *Portrait of a Marriage* (Retrato de un matrimonio).

10. *Dog Day Afternoon* (Tarde de perros)

El personaje de Sonny en la película de 1975 de Sidney Lumet, *Dog Day Afternoon* (Tarde de perros) está basado en Littlejohn Basso, un asaltabancos condenado a 20 años de prisión. El filme se basa en un intento real de robo en Brooklyn en 1972. Habiendo mantenido durante 14 horas a nueve rehenes en un banco, Basso se convirtió en una celebridad instantánea, que millones de personas vieron en un asalto televisado en vivo, ¿el móvil?, Basso necesitaba dinero para la operación de cambio de sexo de su novio (con quien estaba "casado"). La película describe en forma realista a este bisexual: es un asaltabancos, tiene una esposa e hijos a los que ama y mantiene una relación muy estrecha con un transexual. Lo que vemos es un simpático, neurótico y bondadoso perdedor locamente enamorado, dominado por fuerzas internas y externas sobre las que tiene poco control. Su bisexualidad es un hecho y se le describe como tal. Este ladrón extravagante fue tratado con realismo, aunque en su caso la verdad raya en la más estrambótica de las ficciones (lo que quizá haya sido de utilidad).

11. Portrait of a Marriage (Retrato de un matrimonio)

Un tipo diferente de realidad bisexual aparece en el libro *Portrait of a Marriage* (Retrato de un matrimonio), en el que Nigel Nicolson refiere la "verdad" bisexual del matrimonio de sus padres, Vita y Harold, quienes estuvieron casados durante 49 años y consumaron "la más extraña y próspera unión que dos personas talentosas hayan disfrutado jamás". Los Nicolson fueron dos escritores bisexuales ingleses nacidos en el seno de la clase alta a fines del siglo XIX. Llevaron a su matrimonio mutua estimación, inteligencia y un amor hondo y duradero, aunque cada cual tuvo numerosas relaciones, principal, "aunque no exclusivamente", con personas de su mismo sexo.

La mayor parte del libro trata del tormentoso periodo de 1918-1920 precipitado por el apasionado romance de Vita con Violet Trefusis. La crisis se resuelve, Vita regresa con su esposo al hogar, y hasta su muerte en 1962 permanece en un matrimonio que, en sus propias palabras, "incluyó entusiasmo y mucho amor, así como compromiso". Vita Sackville-West, como se conoce a esta novelista y poeta, está bien descrita, se le muestra con defectos y virtudes, era testaruda, capaz de fría indiferencia, pero también apasionada y entregada a quienes quería. Aunque era más bien una aristócrata esnob, se rebeló contra el rol asignado a las mujeres en su época.

Las contradicciones de Harold Nicolson están asimismo delineadas. Vemos a un hombre que quiere mucho a su esposa pese a que al mismo tiempo sostiene numerosas relaciones con hombres jóvenes, aunque racista, sintió profundamente la terrible situación de los judíos bajo Hitler.

Los Nicolson existieron, su bisexualidad fue un hecho, pero llamar femenino a él o masculina a ella sería absurdo. Que hombres y mujeres poseen muchos de los mismos rasgos y sienten muchas de las mismas emociones es difícilmente una idea nueva hoy en día, pero ver cómo dos personas sensibles vivieron esta realidad en la Inglaterra postvictoriana resulta muy revelador y emocionante.

Los retratos del bisexual en la película *Teorema*, de Pier Paolo Pasolini (1968), y en el filme *Face to Face* (Cara a cara), de Ingmar Bergman (1976), se ubican entre la "realidad" negativa y la idea de la verdad del bisexual; ambas películas versan sobre otros asuntos, y se sirven del bisexual como símbolo o ejemplo.

12. *Teorema*

Esta película es una parábola. Un día, un hermoso joven aparece misteriosamente en la casa de una adinerada familia italiana. Procede a hacer el amor con el padre, la madre, el hijo, la hija y la sirvienta. Cuando llega un telegrama y el joven tiene que irse, los cinco miembros de la familia cambian drásticamente: la sirvienta se vuelve santa y hace milagros, la hija se vuelve catatónica, el hijo incurre en el más extremo de los absurdos al orinar sobre sus propias pinturas abstractas, la madre comienza a ligar a jóvenes y el padre se pierde desnudo y aullador en un desierto. La bisexualidad del joven es obviamente usada como símbolo. Aunque la mayoría de los críticos reseñaron favorablemente esta película, coincidieron en un único punto: en que era imposible llegar a una interpretación definitiva del tema de la cinta. La visión del propio Pasolini acerca del joven es la siguiente:

> "Se lo dejo al espectador: ¿el visitante es Dios o es el Diablo?, *no* es Cristo. Lo importante es que es sagrado, un ser sobrenatural. Es algo llegado del más allá…"

13. *Face to Face* (Cara a cara)

En *Face to face* (Cara a cara), el argumento y los personajes son el medio a través del cual se exploran las preocupaciones de Bergman acerca del suicidio, el dolor y la realidad. La historia gira en torno a Jenny (Liv Ullmann), una psiquiatra que intenta suicidarse y es atendida por el ginecólogo bisexual Thomas (Erland Josephson). La cinta se concentra en el colapso nervioso de Jenny, sus temores, sus sueños, el papel de Thomas es secundario, pero recibe un tratamiento sensible, si bien enigmático. Las ideas de Bergman se ocupan de la inmediatez de la experiencia, la facilidad con que se puede salir lastimado y la misteriosa naturaleza del suicidio. Orientación sexual y relaciones emocionales son los vehículos de esas ideas: Thomas es un hombre cuya bisexualidad constituye un puente hacia su comprensión y voluntaria inmersión en el dolor de otro, ayuda a Jenny a ver que "el amor lo abarca todo, incluso la muerte".

Con *Gemini* (Géminis) y *The Shadow Box* (El adversario imaginario), la temporada teatral de 1976-1977 en Broadway iluminó la bisexualidad bajo una luz positiva, luego de muchos años de ignorarla o de retratar al bisexual bajo una luz sistemáticamente negativa.

14. *Gemini* (Géminis)

Esta obra de Albert Innaurato es muy divertida y tiene una trama ligera. Francis, estudiante de 21 años de una prestigiosa universidad estadunidense, tiene una aventura con una compañera de clase, pero también se siente atraído sexualmente por el hermano de ella. Los hermanos llegan a visitarlo en forma inesperada a su modesta casa en Filadelfia, bromas, patetismo y situaciones casi irreales complementan la historia. Esta entretenida obra presenta al bisexual de modo positivo. Los sentimientos del estudiante se manejan con delicadeza, la confusión y deseos de Francis son vistos con cordialidad y simpatía, y la resolución de sus dificultades sexuales resulta convincente. El tema de la obra no es la bisexualidad, sino la bondad de personas lo bastante humanas para ser cordiales y afectuosas sin sentir vergüenza.

15. *The Shadow Box* (El adversario imaginario)

The Shadow Box (El adversario imaginario), de Michael Cristofer, obtuvo los premios Tony y Pulitzer a la mejor pieza teatral de 1976-1977 en Estados Unidos. La acción transcurre en un hospital donde pacientes terminales de cáncer viven sus últimas semanas o meses en cabañas aparte, con sus seres queridos. La obra sigue los afanes de tres moribundos, uno de ellos, Brian, vive en la Cabaña Dos con su novio y es visitado por su exesposa. Brian, quien sabe expresar bien sus ideas y es muy inteligente, comprende que la muerte se aproxima rápidamente, sus relaciones con el hombre y la mujer más allegados a él se describen de manera conmovedora. Tampoco esta vez el elemento bisexual es el asunto principal, como en *Gemini*, la "realidad" bisexual se retrata en una forma clara y comprensiva que permite mostrar la "verdad" del bisexual, sus aspectos buenos y malos.

LA "VERDAD"

1. Orlando

Esta historia de Virginia Woolf cubre tres siglos. La biografía de el/la protagonista comienza con un chico de 16 años a fines del reinado de Isabel I y termina con una mujer de 35 que escucha "la duodécima campanada de la medianoche del jueves once de Octubre del año Mil Novecientos Veintiocho".

Lo mismo como un joven caballero lozano y pendenciero que, más tarde, como atractiva joven moderna, de impresionante inteligencia, Orlando ve ir y venir a monarcas y cambiar la moda a través de los siglos.

A diferencia de *Women in Love*, Orlando no busca recalcar al lector el ideal bisexual. A su imaginativa manera, crea un personaje liberado de las restricciones de la identidad de género en una forma que nos permite ver la posibilidad de que el género sea más fluido de lo que creemos. Siendo hombre todavía, Orlando juzga imposible permanecer en Inglaterra, perseguido como lo es por una mujer de carácter demasiado intenso, pide entonces al rey Carlos que lo envíe a Constantinopla como embajador:

> El rey se paseaba por Whitehall con Nell Gwyn del brazo, ella le tiraba avellanas. -¡Qué desgracia!, -suspiró la amorosa dama-, que semejantes piernas dejen el país, pero las Parcas son implacables; sólo un beso pudo tirarle Nell Gwyn a Orlando, antes de la partida.

Años después, como mujer en la cubierta de un barco de vuelta a Inglaterra, Orlando pondera el cambio de su condición. Mientras se pregunta si, en caso de saltar al agua, podría nadar con los faldones de mujer que debe usar ahora, mueve el pie con impaciencia:

> "...y mostró una o dos pulgadas de pantorrilla. En el mástil, un marinero que miraba por casualidad, casi perdió pie; y se salvó en un hilo."

Son las mismas piernas del mismo ser humano. Las reacciones de Nell Gwyn y del marinero son por igual sexuales, pero mientras que Orlando el hombre puede hacer ostentación de sus bien torneadas piernas sin preocuparse en absoluto, Orlando la mujer debe considerar que si el espectáculo de sus tobillos significa la muerte de un hombre honesto, ella debe mantenerlas cubiertas por humanidad y asumir "la sagrada responsabilidad de la mujer". Las mismas piernas de la misma persona obtienen el reconocimiento de los dos sexos, pero sólo cuando las piernas pertenecen al sexo (opuesto) indicado, el deseo sexual es permisible. El comentario de la autora sobre la naturalidad de la reacción bisexual es obvio, pero le interesa menos la bisexualidad *per* se que las fuerzas que provocan que hombres y mujeres desempeñen durante toda la vida el rol de género asignado por sus genitales.

En el *continuum*, Orlando es tanto hombre como mujer en una sola persona. Como mujer, recuerda su vida de hombre; ese pasado forma parte de ella tanto como su presente. Al aproximarse a Inglaterra, piensa que nunca más podrá volver a lanzar a nadie un juramento iracundo.

> "...Y no podré partirle la cabeza a un hombre o decirle: 'miente su boca', o desenvainar la espada y atravesarlo, o sentarme en el Parlamento, o usar corona, o figurar en una procesión, o firmar una sentencia de muerte, o mandar un ejército, o caracolear por Whitehall en un corcel de guerra, o lucir en mi pecho setenta y dos medallas distintas, sólo me será permitido, en cuanto haya pisado el suelo de Inglaterra, servir el té y preguntar a mis señores ¿cómo les gusta?, ¿azúcar?, ¿leche?". Y al ensayar esas palabras, le horrorizó advertir la baja opinión que ya se había formado del sexo opuesto, al que había pertenecido con tanto orgullo. "Caerse de un mástil",

-pensó-, "porque una mujer muestra los tobillos; disfrazarse de mamarracho y desfilar por la calle para que las mujeres lo admiren; negar instrucción a la mujer para que no se ría de uno; ser el esclavo de la falta más insignificante y, sin embargo, pavonearse como si fueran los Reyes de la Creación. ¡Cielos!", pensó, "¡qué tontas nos hacen, qué tontas somos!". Y aquí parecía por cierta ambigüedad en sus términos, que condenara a los dos sexos imparcialmente, como si no perteneciera a ninguno; y en efecto, vacilaba en ese momento: era varón, era mujer, sabía los secretos, compartía las flaquezas de los dos.

Orlando conoce los secretos y comparte las debilidades de ambos sexos. En menos una historia sobre la idea del género que sobre personajes y sucesos particulares, Orlando habría podido intimar de cualquier modo con los dos sexos en lo emocional, siendo o no siendo bisexual, pero si en esa historia la persona que "sabe los secretos" y "comparte las debilidades" de ambos géneros hubiera sido bisexual —y por tanto "inexistente" para la opinión imperante en la sociedad—, la descripción, aunque más "realista", nunca habría podido transmitir la trascendencia del género de modo tan convincente como lo hace Woolf en su fantasía.

Dentro de esta fantasía, la autora nos pide comprender su visión, su verdad. Cuando, como hombre joven, Orlando amó con toda su alma y todo su corazón a una hermosa princesa rusa de nombre Sasha, ella le rompió el corazón, y oscureció su espíritu, así, él se vio obligado por el resto de su vida —su vida de *hombre*— a ponderar el significado del amor y a cuestionar incluso su existencia. Pero su amor no languidece (ni mucho menos), aun cuando él mismo se haya convertido en mujer, y mucho se aclara:

> "...aunque mujer ella misma, era otra mujer la que amaba; y si algún efecto produjo la conciencia de la igualdad de sexo, fue el de avivar y ahondar los sentimientos que ella había tenido como hombre. Pues ahora se le aclararon mil alusiones y misterios antes oscuros, la oscuridad que separa los sexos y en la que se conservan tantas impurezas antiguas quedó abolida, y si el poeta tiene razón al afirmar que la Verdad es la Belleza, y la Belleza es la Verdad, este afecto ganó en belleza

lo que perdió en mentira."

"Belleza", "Mentira". ¿No se dedica la mayor parte de cualquier vida civilizada a buscar la belleza? La belleza, para Virginia Woolf, es comprensión, esta idea no es precisamente nueva. Saber qué siente otra persona es uno de los componentes de la sabiduría, y para los ojos de la sabiduría no hay nada nuevo; todo existe y siempre ha existido. Para Virginia Woolf, hay sabiduría en la idea de la bisexualidad, del ser humano andrógino que engloba componentes masculinos y femeninos por igual.

2. The Left Hand of Darkness (La mano izquierda de la oscuridad)

Un emisario de nombre Genly ha sido enviado por un conglomerado de 80 mundos (la Unión de Pueblos) al planeta Invierno, para convencer al rey de Karhide, uno de los países de Invierno, de unirse al conglomerado.

Invierno es justo lo que su nombre sugiere: un mundo inhóspito, casi totalmente congelado, donde la gente está en lucha constante con los elementos. Aunque hay estaciones, que incluyen el verano, el tiempo invernal nunca se retira del todo, da la impresión de que el invierno, después de siglos, se ha metido hasta la médula de la gente e instituciones del lugar.

Genly lleva al rey una propuesta de comercio, convenio y alianza. Aunque se describe a sí mismo como negro y de nariz chata, Genly es la representación del hombre humano en general —negro, blanco, rojo o amarillo—, tal como lo conocemos. Lo que lo distingue de la gente de Invierno, aparte de las diferencias obvias de origen y cultura, es su masculinidad. Él es visto en Invierno como un fenómeno sexual, porque en Invierno no hay hombres ni mujeres. Los pobladores de Invierno no son masculinos ni femeninos, aunque tampoco neutros, son potenciales, cada persona es un hombre-mujer que opera sexualmente en ciclos de 26 a 28 días llamados kémmer.

> La fase culminante del kémmer dura de dos a cinco días, durante los cuales el apetito y la capacidad sexual alcanzan su nivel máximo. Termina de manera abrupta, y si la concepción no ha tenido lugar, el individuo vuelve en unas horas a la fase de somer y el ciclo se reinicia. Si el individuo estaba en el pa-

pel de mujer y fue preñado, la actividad hormonal continúa, por supuesto, y durante el periodo de gestación de 8.4 meses y el periodo de lactancia de 6 a 8 meses ese individuo sigue siendo mujer. Los órganos sexuales masculinos permanecen replegados (como lo están en somer), los pechos crecen un poco y la circunferencia pélvica se ensancha. Con el cese de la lactancia, la mujer vuelve a entrar a somer y se convierte una vez más en un andrógino perfecto.

Los habitantes de Invierno no son "bisexuales", porque no son hombres ni mujeres, pero la idea del bisexual está en el fondo de *The Left Hand of Darkness* (La mano izquierda de la oscuridad), de Ursula K. LeGuin:

> "…Cualquiera puede dirigir la mano a lo que sea, esto parece muy sencillo, pero sus efectos psicológicos son incalculables. El hecho de que todos aquellos entre los diecisiete y los treinta y cinco años estén… "obligados a criar hijos", implica que aquí nadie está "obligado" del todo, como es probable que las mujeres lo estén, psicológica o físicamente, en otras partes. Cargas y privilegios se comparten con absoluta igualdad; todos tienen el mismo riesgo por correr o la misma decisión por tomar. Por lo tanto, aquí nadie es tan libre como un hombre libre en cualquier otra parte."

> "…Un hijo no tiene relación psicosexual con su madre y su padre. No hay mito de Edipo en Invierno."

> "…No hay sexo sin consentimiento, ni violación. Como en el caso de la mayoría de los mamíferos salvo el hombre, el coito sólo puede realizarse mediante mutua invitación y consentimiento; de lo contrario no es posible. La seducción sin duda es posible, pero el momento debe ser muy bien elegido."

> "…La humanidad no se divide en mitades fuerte y débil, protector/protegido, dominante/sumiso, dueño/bien, activo/pasivo. De hecho, la tendencia al dualismo que impregna al pensamiento humano puede verse disminuida, o alterada, en Invierno."

APÉNDICE B
Resultados de encuestas sobre bisexualidad

El cuestionario se entregó a las primeras 150 personas que asistieron al Bisexual Forum de Nueva York en el periodo 1976-1977. Seis de ellas se rehusaron a participar, de las restantes, 16 (10 hombres y 6 mujeres) eran heterosexuales y 1 era homosexual; 127 eran bisexuales por autoidentificación, experiencias bisexuales o ambas cosas.[5]

He aquí los resultados de la encuesta:*

1. Sexo:

N=144	Hombres=	103	Mujeres=	41

2. Edad:

Mujeres: N=	36	Hombres: N=	99
N.R.=	5	N.R.=	4
Prom.=	28.5 años	Prom.=	32.4 años

3. Nivel de estudios:

Hombres:	N	=	96		Mujeres:	N	=	35
	N.R.	=	7			N.R.	=	6
	Prom.	=	16.1 años			Prom.	=	15 años

4. ¿Con cuál de tus padres te llevas mejor?:

Mujeres Bi:
N = 35

Madre	=	13	37%
Padre	=	13	37%
Ambos	=	6	17%
N.R.	=	3	9%

Hombres Bi:
N = 92

Madre	=	64	69%
Padre	=	6	7%
Ambos	=	19	21%
N.R.	=	3	3%

5. Estado Civil:

Hombres: N = 103				Mujeres: N = 41			
Nunca casados	=	59	58%	Nunca casados	=	23	56%
Casados	=	20	19%	Casados	=	6	15%
Sep. o div.	=	24	23%	Sep. o div.	=	10	24%
N.R.	=	0		N.R.	=	2	5%

Hombres y mujeres:
N = 144

Nunca casados	=	82	57%
Casados	=	26	18%
Sep. o div.	=	34	24%
N.R.	=	2	1%

6. Forma de Residencia Actual:

	Hombres	%	Mujeres	%	Ambos	%
Solo (a)	54	51	14	34	68	46
Con cónyuge	16	15	5	12	21	14
Con amigo(a)/amante	11	10	4	10	15	10
Con padre/madre/padres	8	8	6	15	14	10
Con compañero de cuarto	7	7	6	15	13	9
Con hijo/hija/hijos	2	2	5	12	7	5
Con parientes	4	4	1	2	5	3
En escuela	1	1	0	0	1	1
N.R.	3	3	0	0	3	2
Total	106*		41*		147*	

*Algunos encuestados dieron más de una respuesta.

7. Te consideras:

__ 0. Exclusivamente heterosexual
__ 1. Predominantemente heterosexual, sólo incidentalmente homosexual
__ 2. Predominantemente heterosexual, pero más que incidentalmente homosexual
__ 3. Igualmente heterosexual y homosexual
__ 4. Predominantemente homosexual, pero más que incidentalmente heterosexual
__ 5. Predominantemente homosexual, sólo incidentalmente heterosexual
__ 6. Exclusivamente homosexual

	Mujeres	Hombres	Ambos	%
0	6	11	17	12
1	14	26	40	28
2	5	20	25	17
3	7	19	26	18
4	4	10	14	10
5	2	11	13	9
6	1	1	2	1
N.R.	2	5	7	5
Total	41	103	144	

De los que respondieron 1-5, el promedio fue en las mujeres = 2.4 y en los hombres = 2.5

8. En referencia al *mes* pasado, indica el número y género de las personas con las que tuviste relaciones sexuales:

Hombres Bi:	*Mujeres*			*Hombres*		
	N	=	89	N	=	86
	N.R.	=	3	N.R.	=	6
	Prom.	=	1.7	Prom.	=	2.4
	(Ninguna	=	30)	(Ninguna	=	27)
Mujeres Bi:	N	=	30	N	=	32
	N.A.	=	5	N.A.	=	3
	Aver.	=	0.7	Aver.	=	1.5
	(Ninguna	=	17)	(Ninguna	=	9)

9. En referencia al *año* pasado, indica el número y género de las personas con las que tuviste relaciones sexuales:

Hombres Bi:	*Mujeres*			*Hombres*		
	N	=	86	N	=	82
	N.R.	=	6	N.R.	=	10
	Prom.	=	9.2	Prom.	=	12.9
	(Ninguna	=	11)	(Ninguna	=	8)
Mujeres Bi:	N	=	28	N	=	30
	N.A.	=	8	N.A.	=	5
	Aver.	=	3.0	Aver.	=	4.7
	(Ninguna	=	6)	(Ninguna	=	1)

10. Considerando sólo a tus amigos cercanos cuya orientación sexual conoces, ¿qué porcentaje son?:

Mujeres Bi:				Het.	= 74.2%
	N	=	30	Homo.	= 18.0%
	N.R.	=	5	Bi.	= 7.8%
Hombres Bi:				Het.	= 69.9%
	N	=	86	Homo.	= 20.2%
	N.R.	=	6	Bi.	= 10.2%
Total Bis.:				Het.	= 70.8%
	N	=	116	Homo.	= 19.6%
	N.R.	=	11	Bi.	= 9.6%

11A. ¿Te consideras bisexual?

Bisexuales:*	Hombres	Mujeres	Ambos	
Sí	71	27	98	77%
No	10	5	15	12%
?	7	2	9	7%
N.R.	4	1	5	4%

* Incluye a los encuestados con experiencia bisexual aunque no se hayan identificado como bisexuales.

11B. De ser así, ¿a qué edad empezaste a considerarte bisexual?

Hombres Bi: 24.1 años. (prom.) *Mujeres Bi: 24.4 años. (prom.)*
N = 63   N = 23

Total Bi.: 24.2 años prom. N = 86

12. ¿Qué edad tenías cuando te diste cuenta de que, sexualmente, sentías algo por…?

Mujeres: edad ___N.H.___   Hombres: edad ___N.H.___
Hombres Bi:

	Mujeres		*Hombres*	
N	=	82	=	78
N.H.	=	0	=	4
N.R.	=	10	=	10
Prom.	=	13.1 años	=	16.0 años

Mujeres Bi:

N	=	31	=	27
N.H.	=	1	=	0
N.R.	=	3	=	8
Prom.	=	17 años	=	11.3 años

13. ¿Qué edad tenías cuando tuviste tu primera experiencia sexual con una *mujer*?

Mujeres Bi			*Hombres Bi*		
N	=	30	N	=	88
N.H.	=	4	N.H.	=	1
N.R.	=	1	N.R.	=	3
Prom.	=	23 años	Prom.	=	16 años

14. ¿Qué edad tenías cuando tuviste tu primera experiencia sexual con un *hombre*?

Mujeres Bi			*Hombres Bi*		
N	=	35	N	=	84
N.H.	=	0	N.H.	=	3
N.R.	=	0	N.R.	=	5
Prom.	=	15.5 años	Prom.	=	17.8 años

13. *vs*. 14. Comparando a los encuestados que tuvieron su primera experiencia sexual con una mujer, con aquellos que la tuvieron con un hombre, tenemos que para:

Mujeres Bi:	1ª experiencia con una mujer	=	6	17%
	1ª experiencia con un hombre	=	24	69%
	Edad de la primera experiencia fue igual	=	0	
	N.R.	=	5	14%
Hombres Bi:	1ª experiencia con una mujer	=	43	47%
	1ª experiencia con un hombre	=	33	36%
	Edad de la primera experiencia fue igual	=	6	6%
	N.R.	=	10	11%

15. ¿A qué edad tuviste tu primera experiencia de penetración vaginal?

Mujeres Bi			*Hombres Bi*		
N	=	83	N	=	34
N.H.	=	3	N.H.	=	1
N.R.	=	6	N.R.	=	0
Prom.	=	17.6 años	Prom.	=	18.1 años

16. El año pasado, ¿cómo o dónde encontraste parejas sexuales *femeninas*?, y

17. El año pasado, ¿cómo o dónde encontraste parejas sexuales *masculinas*?

Mujeres Bi: N = 35	*Parejas* *femeninas*	*Parejas* *masculinas*
Amigos	13	10
Fiestas	3	3
Rap, discotecas	3	2
Bares	4	3
Escuela	2	3
Conocidos(as) de antes	-	2
Calle	-	3
Trabajo	1	3
Grupos sociales, clubes	1	5
Esposo	-	1
Grupos bi.	2	1
Grupos gays	3	-
Intercambios de parejas, sexo en grupo	3	1
En cualquier otra parte	-	3
Miscelánea	2	5
Ninguno	5	2
N.R.	7	6
Total	49 *	53 *

*Algunos encuestados dieron más de una respuesta.

Hombres Bi: N = 92	*Parejas femeninas*	*Parejas masculinas*
Amigos	18	15
Fiestas	9	8
Rap, discotecas	4	-
Bares	7	24
Baños	-	12
Cines	-	4
Calle	7	18
Trabajo	10	3
Escuela	6	2
Conocidos de antes	9	4
Esposa	5	-
Prostitución	3	-
Discos y bailes	6	1
Grupos sociales, clubes.	4	-
Organizaciones gays y bi	-	3
Anuncios	1	1
En cualquier otra parte	9	3
Miscelánea	13	7
Ninguno	6	24
N.R.	17	12
Total	134 *	141 *

*Algunos encuestados dieron más de una respuesta.

18. ¿Prefieres tener relaciones sexuales con…?

___Hombres   ___Mujeres   ___Hombres y mujeres por igual

Hombres Bi N = 92			*Mujeres Bi* N = 35		
Hombres	= 19	19%	Hombres	= 11	31%
Mujeres	= 32	23%	Mujeres	= 7	20%
Por igual	= 32	35%	Por igual	= 14	40%
N.R.	= 10	10%	N.R.	= 3	9%

19. ¿Has estado involucrado en actividad sexual con dos o más personas al mismo tiempo...?
    El mes pasado___ El año pasado___ Alguna vez en tu vida___

	El mes pasado		*El año pasado*		*En tu vida*	
Hombres Bi: N = 92						
Sí	24	26%	44	48%	57	62%
No	53	58%	31	34%	15	16%
N.R.	15	16%	17	18%	20	22%
Mujeres Bi: N = 35						
Sí	5	14%	14	40%	23	66%
No	27	77%	17	49%	9	26%
N.R.	3	9%	4	11%	3	8%
Total Bi.: N = 127						
Sí	29	22.8%	58	45.7%	80	63.0%
No	80	63.0%	48	37.8%	24	18.9%
N.R.	18	14.2%	21	16.5%	23	18.1%

20. En tus fantasías sexuales, ¿te imaginas teniendo sexo con...?
    ___Mujeres principalmente ___Hombres principalmente
    ___A veces mujeres, a veces hombres

Mujeres Bi N = 38			*Hombres Bi* N = 92		
Mujeres =	7	20.0%	Mujeres =	19	20.7%
Hombres =	9	25.7%	Hombres =	28	30.4%
Ambos =	13	37.2%	Ambos =	45	48.9%
N.A. =	6	17.1%	N.A. =	0	

21. Si pudieras volver a nacer, ¿preferirías ser…?

___Heterosexual   ___Homosexual   __Bisexual

Hombres Bi:		*Mujeres Bi:*		*Total Bi:*	
N = 92		N = 35		N = 127	
Het. = 21	22.8%	Het. = 4	11.4%	Het. = 25	19.7%
Homo. = 2	2.2%	Homo. = 2	5.7%	Homo. = 4	3.2%
Bi. = 60	65.2%	Bi. = 26	74.3%	Bi. = 86	67.7%
N.R.= 9	9.8%	N.R. = 3	8.6%	N.R.= 12	9.4%

22. ¿Alguna vez has buscado asesoría psicológica por problemas relacionados con tu orientación sexual?

Hombres Bi:		*Mujeres Bi:*		*Total Bi:*	
N = 92		N = 35		N = 127	
Sí = 35	38%	Sí = 9	25.7%	Sí = 44	34.6%
No = 52	56.5%	No = 21	60%	No = 73	57.5%
N.R.= 5	5.5%	N.R. = 5	14.3%	N.R.= 10	7.9%

21. *vs.* 22.

De los 86 bisexuales que contestaron que preferirían seguir siendo bisexuales si volvieran a nacer:

24 (27.9%) habían buscado asesoría psicológica
57 (66.3%) no habían buscado asesoría psicológica
5 (5.8%) no contestaron la pregunta 22

De los 41 bisexuales que, de volver a nacer, preferirían ser heterosexuales, homosexuales o no contestaron la pregunta:

20 (48.8%) habían buscado asesoría psicológica
16 (39%) no habían buscado asesoría psicológica
5 (12.2%) no contestaron la pregunta 22

23. ¿Quiénes de las siguientes personas saben que eres bisexual?

	Hombres Bi N = 92	Mujeres Bi N = 35	Total Bi N = 127	
Padre(s)				
Sí	10	3	13	10.2%
No	52	15	67	52.8%
N.R.	30	17	47	37.0%
Hermanos				
Sí	8	2	10	7.9%
No	55	16	71	55.9%
N.R.	29	17	46	36.2%
Cónyuge				
Sí	13	6	19	15.0%
No	47	11	58	45.6%
N.R.	32	18	50	39.4%
Parientes				
Sí	9	3	12	9.4%
No	53	15	68	53.6%
N.R.	30	17	47	37.0%
Compañeros de trabajo				
Sí	15	10	25	19.7%
No	48	9	57	44.9%
N.R.	29	16	45	35.4%
Amigos				
Sí	57	22	79	62.2%
No	11	-	11	8.7%
N.R.	24	13	37	29.1%

Sobre las respuestas a las cinco preguntas siguientes, véase capítulo 8, página 107.

24. ¿Cuáles son los principales placeres o ventajas de ser bisexual?

25. ¿Cuáles son los principales problemas o desventajas de ser bisexual?

26. ¿Te da orgullo ser bisexual? Explica brevemente.

27. ¿Sientes vergüenza o culpa por ser bisexual?

28. ¿Qué piensas de tu bisexualidad y de la bisexualidad en general?

Bibliografía

Baldwin, James, *Giovanni's Room*, Nueva York, Dell Publishing Co., 1964. [*El cuarto de Giovanni*, trad. de Estela Canto, Barcelona, Bruguera, 1980.]

Bell, Clive, *Civilization*, Nueva York, Harcourt Brace and Co., 1926.

Bieber, I., H. J. Dain, P. R. Dince, M. G. Drelich, H. G. Grand, R. H. Gundlach, M. W. Kremer, A. H. Rifkin, C. B. Wilber y T. B. Bieber, *Homosexuality: A Psychoanalytic Study*, Nueva York, Basic Books, 1962. [*Homosexualidad: Un estudio psicoanalítico*, México, Pax, 1984.]

Billy, John O. G., Koray Tanfer, William R. Grady y Daniel H. Klepinger, "The Sexual Behavior of Men in the United States", en *Family Planning Perspectives*, vol. 25, núm. 2, marzo-abril de 1993, pp. 52-60.

Blumstein, Philip W. y Pepper Schwartz, "Bisexuality in Men", en *Urban Life*, vol. 5, núm. 3, octubre de 1976, pp. 339-358.

Blumstein, Philip W., and Pepper Schwartz, "Bisexuality in Women", en *Archives of Sexual Behavior*, vol. 5, marzo de 1976, pp. 171-181.

Bode, Janet, *View from Another Closet*, Nueva York, Hawthorn Books, 1976.

Bolton, Mary y Peter Weatherburn, *Literature Review on Bisexuality and HIV Transmission*, Report Commissioned by the Global Programme on AIDS, World Health Organization, Academic Dept. of Public Health, St. Mary's Hospital Medical School, Londres, 1990.

Brain, Robert, *Friends and Lovers*, Nueva York, Basic Books, 1976.

Brown, Howard, *Familiar Faces, Hidden Lives: The Story of Homosexual Men in America Today*, Nueva York, Harcourt Brace Jovanovich, 1976.

Buxton, Amity Pierce, *The Other Side of the Closet*, Santa Mónica, IBS Press, Inc., 1991.

Colette, *Earthly Paradise*, Nueva York, Farrar, Straus & Giroux, 1966.

Crosland, Margaret, *Colette, The Difficulty of Loving*, Nueva York, Bobbs

Merrill, 1973.

Dannecker, Martin y Reimut Reiche, *Der Gewöhnliche Homosexuelle*, Francfort, S. Fischer Verlag GmbH, 1974.

David, Deborah S. y Robert Brannon, *The Forty-Nine Percent Majority: The Male Sex Role*, Reading, Addison-Wesley, 1976.

Drury, Allen, *Advise and Consent*, Nueva York, Avon Books, 1974.

Fox, Ronald C., *Coming Out Bisexual: Identity, Behavior, and Sexual Orientation Self-Disclosure*, tesis de doctorado inédita, California Institute of Integral Studies, San Francisco, 1993.

Freedman, Alfred M. y Harold I. Kaplan, eds., *Comprehensive Textbook of Psychiatry*, Baltimore, Williams and Wilkins, 1967.

Freud, Sigmund, *SE*, XIX, 1925, p. 258.

Geller, Thomas, *Bisexuality: A Reader and Sourcebook*, California, Times Change Press, 1990.

Gilliatt, Penelope, *Sunday, Bloody Sunday*, Nueva York, Viking Press, 1971.

Goode, Erich y Richard Troiden, *Sexual Deviance and Sexual Deviants*, Nueva York, William Morrow and Co., 1975.

Gould, Robert E., "Homosexuality", en *The New York Times Magazine*, 24 de febrero de 1974.

Harrison, James, "A Critical Evaluation of Research on 'Masculinity/ Femininity'", Department of Psychology Dissertation, New York University, 1975.

Hatterer, Lawrence, J., *Changing Homosexuality in the Male*, Nueva York, McGraw-Hill, 1970.

Heilbrun, Carolyn G., *Toward a Recognition of Androgyny*, Nueva York, Knopf, 1973.

Hemingway, Ernest, "The Sea Change", en *The Short Stories of Ernest Hemingway*, Nueva York, Charles Scribner's Sons, 1921-1938.

Holroyd, Michael, *Lytton Strachey*, Nueva York, Rinehart and Winston, 1967.

Horney, Karen, *Neurosis and Human Growth*, Nueva York, W. W. Norton, 1950.

Hunt, Morton, *Sexual Behavior in the Seventies*, Chicago, Playboy Press, 1974.

Hutchins, Loraine y Lani Kaahumanu, eds., *Bi Any Other Name: Bisexual People Speak Out*, Boston, Alyson Publications, Inc., 1991.

Hyde, H. Montgomery, *Oscar Wilde: A Biography*, Nueva York, Farrar,

Straus and Giroux, 1975.

Johnstone, J. K., *The Bloomsbury Group*, Nueva York, Noonday Press, 1963.

Kardiner, A., A. Karush y L. Ovesey, "A Methodological Study of Freudian Theory", en *Journal of Nervous and Mental Diseases*, vol. 129, 1959, pp. 133-143.

Karlen, Arno, *Sexuality & Homosexuality*, Nueva York, W. W. Norton, 1971.

Katz, Jonathan, *Gay American History*, Nueva York, Thomas Y. Crowell Co., 1976.

Kinsey, Alfred C., Wardell B. Pomeroy y Clyde E. Martin, *Sexual Behavior in the Human Male*, Filadelfia, W. B. Saunders Co., 1948.

Kinsey, Alfred C., Wardell B. Pomeroy, Clyde E. Martin y Paul H. Gebhard, *Sexual Behavior in the Human Female*, Filadelfia, W. B. Saunders Co., 1953.

Klein, Fritz, B. Sepekoff y T. J. Wolf, "Sexual Orientation: A Multivariable Dynamic Process", en F. Klein y T. J. Wolf, eds., *Bisexualities: Theory and Research*, Nueva York, The Haworth Press, 1985.

Klein, Fritz, "The Need to View Sexual Orientation as a Multivariable Dynamic Process: A Theoretical Perspective", en D. P. McWhirter, S. A. Sanders y J. M. Reinisch, *Homosexuality/Heterosexuality*, Nueva York, Oxford, Oxford University Press, 1990.

Koestler, Arthur, The Act of Creation, Nueva York, Macmillan, 1964.

Lawrence, D. H., *The Fox*, Nueva York, Viking Press, 1923. [*El zorro. Inglaterra mía*, trad. de Verónica Fernández-Muro, Madrid, Alianza, 1986.]

Lawrence, D. H., *Women in Love*, Nueva York, Viking Press, 1920. [*Mujeres enamoradas*, trad. de Antonio Escohotado, Barcelona, Bruguera, 1980.]

LeGuin, Ursula K., *The Left Hand of Darkness*, Nueva York, Ace Books, 1969. [*La mano izquierda de la oscuridad*, Minotauro, 1969.]

Levin, Robert J. y Amy Levin, "Sexual Pleasure", en *Redbook*, vol. 145, núms. 5 y 6, septiembre y octubre de 1975.

Licht, Hans, *Sexual Life in Ancient Greece*, Londres, The Abbey Library, 1932.

Mann, Thomas, *Death in Venice*, Nueva York, Knopf, 1930. [*Muerte en Venecia*, trad. de Martín Rivas y Raúl Schiaffino, Barcelona, Plaza & Janés, 1975.]

Maugham, Robin, *Escape from the Shadows*, Nueva York, McGraw-Hill, 1972.

McWhirter, David y Andrew Mattison, comunicación personal, 1977.

Mead, Margaret, "Bisexuality: What's It All About?", en *Redbook*, enero de 1975.

Menard, W., *The Two Worlds of Somerset Maugham*, Los Angeles, Sherbourne Press, 1965.

Mitchell, Yvonne, *Colette: A Taste for Life*, Nueva York, Harcourt, Brace, Jovanovich, 1975.

Money, John, citado en "The New Bisexuals", en *Time*, 13 de mayo de 1974.

Money, John y Anke A. Ehrhardt, *Man and Woman, Boy and Girl*, Baltimore, The Johns Hopkins University Press, 1972.

Morris, Desmond, *Intimate Behavior*, Nueva York, Random House, 1972.

Mullahy, Patrick, *Oedipus Myth and Complex*, Nueva York, Grove Press, 1948.

Murray, Jane, *The Kings & Queens of England*, Nueva York, Charles Scribner's Sons, 1974.

Nicolson, Nigel, *Portrait of a Marriage*, Nueva York, Atheneum, 1973. [*Retrato de un matrimonio*, trad. de Óscar Luis Molina, México, Grijalbo, 1989.]

Off Pink Collective, eds., *Bisexual Lives*, Londres, Off Pink Publishing, 1988.

Painter, G. D., *André Gide: A Critical & Biographical Study*, Londres, Arthur Barker, 1951.

Reinhardt, Regina Ursula, *Bisexual Women in Heterosexual Relationships*, tesis publicada en *Research Abstracts International*, otoño de 1986, vol. II, núm. 3, p. 67.

Renault, Mary, *The Nature of Alexander*, Nueva York, Pantheon Books, 1975. [*Alejandro Magno: Una biografía*, trad. de Horacio González Trejo, Barcelona, Edhasa, 1991.]

Rosenbaum, S. P., ed., *The Bloomsbury Group*, Toronto, University of Toronto Press, 1975.

Rowse, A. L., *Homosexuals in History*, Nueva York, Macmillan, 1977.

Ruitenbeek, Hendrik, *The New Sexuality*, Nueva York, New View-points, 1974.

Rule, Jane, *Lesbian Images*, Nueva York, Doubleday, 1975.

Saghir, Marcel T. y Eli Robins, *Male and Female Homosexuality*,

Baltimore, Williams and Wilkins, 1973.

Shainess, Natalie, citada en "The New Bisexuals", en *Time*, 13 de mayo de 1974.

Sievers, W. David, *Freud on Broadway*, Nueva York, Cooper Square Publishers, 1970.

Singer, June, *Androgyny*, Nueva York, Anchor Press, 1976.

Socarides, Charles W., *The Overt Homosexual*, Nueva York, Grune and Stratton, 1968.

_____, "Bisexual Chic: Anyone Goes", en *Newsweek*, 27 de mayo de 1974.

Stekel, Wilhelm, *Bi-Sexual Love*, Nueva York, Emerson Books, 1950 (1922).

Tavris, Carol, "Men & Women Report Their Views on Masculinity", en *Psychology Today*, enero de 1977.

Tielman, Rob A. P., Manuel Carballo y Aart C. Hendriks, eds., *Bisexuality and HIV/AIDS: A Global Perspective*, Buffalo, Prometheus Books, 1991.

Vidal, Gore, *The City and the Pillar*, Nueva York, New American Library, 1974.

Warren, Patricia Nell, *The Front Runner*, Nueva York, William Morrow and Co., 1974.

Watzlawick, Paul, J. H. Beavin y D. D. Jackson, *Pragmatics of Human Communication*, Nueva York, W. W. Norton, 1967. [*Teoría de la comunicación humana: Interacciones, patologías y paradojas*, trad. de Noemí Rosenblatt, Buenos Aires, Tiempo Contemporáneo, 1974.]

Weinberg, George, *Society and the Healthy Homosexual*, Nueva York, St. Martin's Press, 1972.

Weinberg, Martin S. y Colin J. Williams, *Male Homosexuals*, Nueva York, Oxford University Press, 1974.

Weinberg, Martin S., Colin J. Williams y Douglas Pryor, *Dual Attraction: Bisexuality in the Age of AIDS*, Nueva York, Oxford University Press, 1994.

Weinrich, James D., *Sexual Landscapes*, Nueva York, Charles Scribner's Sons, 1987.

Weise, Elizabeth Reba, ed., *Closer to Home, Bisexuality and Feminism*, Seattle, The Seal Press, 1992.

Williams, Tennessee, *Memoirs*, Nueva York, Doubleday, 1972.

Wolf, Charlotte, *Bisexuality: A Study*, Londres, Quartet Books Ltd., 1977.

Woolf, Virginia, *Orlando*, Nueva York, Harcourt Brace Jovanovich, 1928. [*Orlando*, trad. de Jorge Luis Borges, Barcelona, Edhasa, 2009.]

Woolf, Virginia, and Leonard Woolf, *The Death of the Moth*, Nueva York, Harcourt Brace and Co., 1942. [*La muerte de la polilla y otros escritos*, trad. de Luisa Moreno Llort, Capitán Swing Libros, 2009.]

Zessen, van G. J. y T. Sandfort, eds., *Sexualiteit in Nederland*, Lisse, Swets, en Zeitlinger, 1991.

Índice analítico

www.ingramcontent.com/pod-product-compliance
Lightning Source LLC
Chambersburg PA
CBHW060842280326
41934CB00007B/892